经济学名著译丛

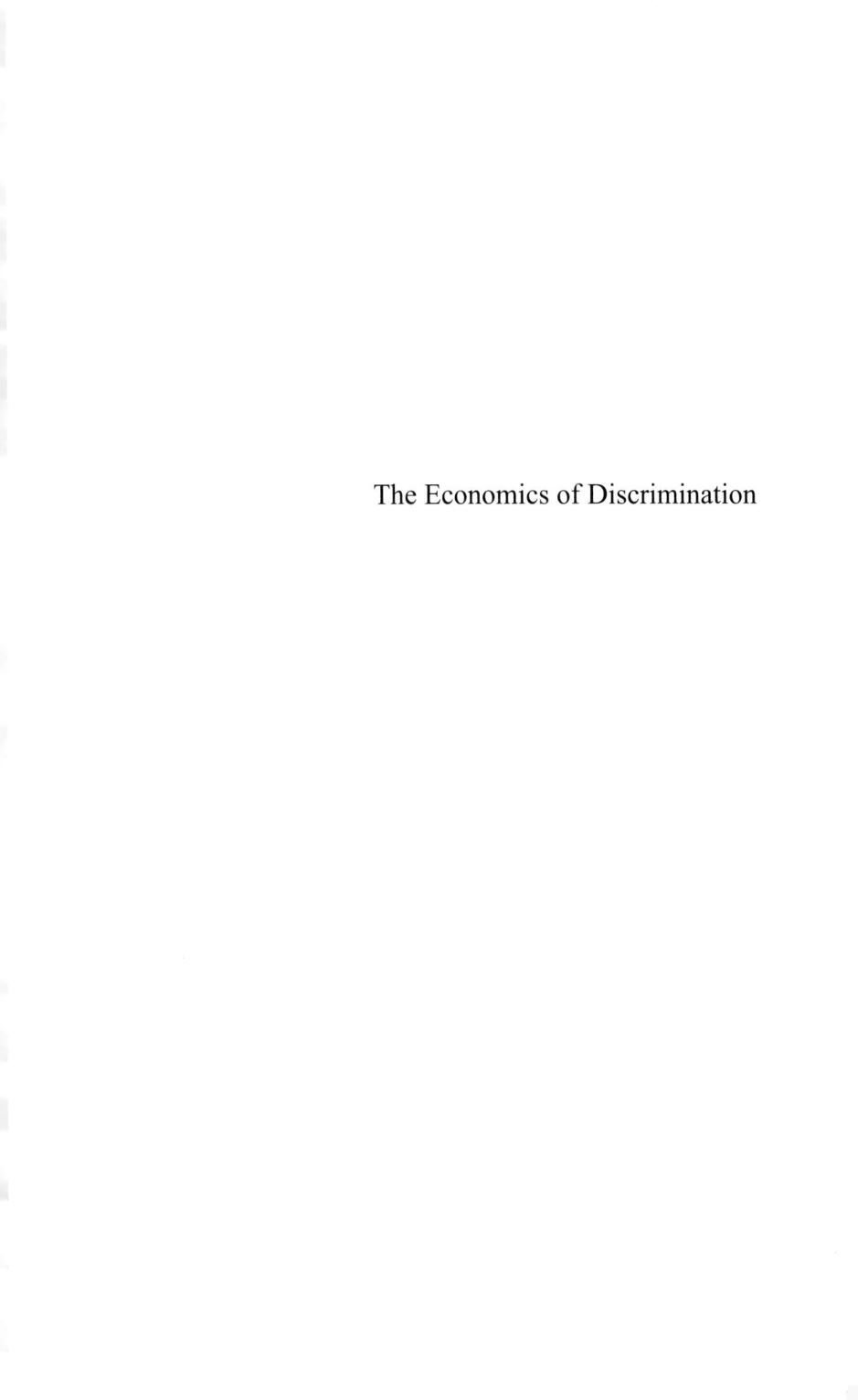

The Economics of Discrimination

歧视经济学

〔美〕加里·贝克尔 著
于占杰 译

The Economics of Discrimination

2019年·北京

Gary S. Becker
THE ECONOMICS OF DISCRIMINATION
ⓒ The University of Chicago Press, 1971
根据芝加哥大学出版社 1971 年版译出

谨以此书寄托对亡妻多莉娅·斯洛特·贝克尔(Doria Slote Becker)的哀思——就在该书第二版即将面世之际,她却撒手人寰。至今犹忆初相识:时值 1953 年,我们徜徉于中央公园,那时就开始对歧视问题的基本观点展开了讨论。此后,终其一生,她都对我的工作和研究志向予以鼓励。

我们痛失了一位温婉、敏锐的人。

目　　录

第二版序	1
第一版序	10
第一章　市场中的歧视的决定因素	15
第二章　有效歧视	22
第三章　雇主歧视	44
第四章　雇员歧视	62
第五章　消费者歧视和政府歧视	85
第六章　市场歧视	96
第七章　针对非白人的歧视（上）	115
第八章　针对非白人的歧视（下）	125
第九章　美国不同时期的歧视情况	155
第十章　小结	175
附　录　诺贝尔经济学奖获奖演讲：以经济学的方法看待人类行为	185
参考文献	219
索　引	224
译后记	232

表 目 录

1 表 2-1　1950 年印第安人和黑人的收入中位数：区域比较及城乡比较 …… 29
2 表 3-1　1940 年美国南方制造业中非白人男性雇员的相对数量（依职业与垄断/竞争进行分类）………… 54
3 表 3-2　1939 年美国南方的垄断性行业及其他制造业从业人数 …… 60
4 表 6-1　1947 年美国北方和南方制造业平均每个企业的增值情况 …… 99
5 表 6-2　1940 年美国南方竞争性行业的非白人员工比例与平均每个企业的价值增值之间的关系 ……… 101
6 表 6-3　1940 年美国南方零售业和制造业中非白人男性雇员的相对数量 …… 104
7 表 6-4　1940 年和 1950 年美国的黑人和白人中担任工程师、牙科医生、医师、律师和法官的数量比较 ………… 105
8 表 6-5　俄亥俄州各专业技术类职业中黑人和犹太人的相对数量 ……… 111

表 目 录

9	表7-1	1939年美国不同的居住地、就业时间长短等方面的非白人与白人的人数之比以及非白人男子与白人男子的收入之比 ………	119
10	表8-1	1939年美国不同地区、年龄和教育程度的城市男性非白人与白人的工资（或薪酬）之比 ……	126
11	表8-2	美国不同地区、年龄和教育程度的当地城市的黑人与白人男性工人的工资或薪酬收入的百分比 ………	129
12	表8-3	1950年美国南方标准大都市区（SMA）的非白人的相对人数、收入和教育状况及其与白人的对比 ………	141
12A	表8-4	1939年不同年龄段和教育程度的非白人所遭受的市场歧视系数：平均MDC和边际MDC ………	150
13	表9-1	1890～1950年各种职业类别里的美国黑人和白人男子的相对数量 ………	157
14	表9-2	1890～1950年美国南方和北方的黑人和白人的数量 ………	159
15	表9-3	1910年、1940年和1950年美国北方和南方不同职业类别里的黑人和白人男子的相对数量 ………	159
16	表9-4	1910年、1940年和1950年美国北方和南方黑人和白人的职业地位指数 ………	161

17	表9-5 1940年美国人口普查中两组不同类型的职业数据的比较	166
18	表9-6 1940年职业统计数据比较:未调整的和调整后的比较	167
18A	表9-7 1910年、1940年和1950年美国黑人和白人的职业地位指数	173

第二版序

对作者来说,当他收到出版社对其著作再版的请求时,他的反应肯定是欣喜,尤其是,约15年前初版时,这部著作实际上还是一篇博士学位论文。我承认,在收到出版社的请求时,我的确欣喜异常,因为越来越多的人对本书研究的问题感兴趣,这表明芝加哥大学经济学系当年在遇到强烈的反对意见的情况下,仍力排众议,提议将拙作列入其"经济研究系列"丛书进行出版的决定是正确的。有审稿者断言经济学不宜用于分析针对少数族裔的种族歧视问题,有的审稿者的反对意见不那么激烈,但仍认为我用的经济理论是不合适的,还有的审稿者的意见则和缓得多,认为我忽略了太多的非经济考量。对于芝加哥大学经济学系对本书的意见,出版社的信心支持了经济学系的判断,正是经济学系的力挺才得以战胜反对意见,顺利出版。

对于《歧视经济学》的出版,经济学界最初的反应站在了反对意见的一边,尽管其角度、方式不尽一致。起初,仅有少数几家重要的期刊对此做出评论。[1] 而且在初版出版之后的五年里,也未

---

[1] 不过,总的看,这为数不多的评论基本都是对本论著持赞成意见。关于对本论著的评论,具体见以下期刊:《美国经济评论》(*American Economic Review*)(接下页注)

见经济学家就歧视问题开展研究。[2]

另一方面,很多社会学家和其他非经济学家经常发表文章的期刊反而对拙著做出了肯定的评论。[3] 最重要的是,对少数族裔遭受的歧视的研究正吸引越来越多的经济学家:1962年后,该书销售量增加,与此同时,经济学家就少数族裔特别是黑人受到的歧视的问题的研究文章和著作也井喷似地增多,且这种增长趋势仍在不断增强而不是减弱。

由于拙著第一版业已形成自己的风格,因此,除了校正印刷错误,本版的文字基本上一仍其旧,至于内容主旨的错误,我不想去纠正;对于过于简略或晦暗不明之处,我也不准备详细阐述。在拙著第一版出版之后,我又发表了有关歧视问题的三篇文章。此次再版,我把这三篇文章作为"补遗",附到相关章节中。

在第一版中,有关工会歧视的问题论述得尚不充分,特别是,考虑到工会在劳动市场中的重要性,更显得论述不够。我曾提到:"本书的论述也涉及工会化的劳动市场中的歧视问题",呼吁开展

(接上页注)1958年6月、《美国统计学会杂志》(*Journal of the American Statistical Association*)1955年12月、《南方经济杂志》(*Southern Economic Journal*)1958年4月。对本论著持批评态度的文章,见《劳动关系评论》(*Industrial and Labor Relations Review*)1958年12月。

2 其中的一个例外是阿尔奇安(A. A. Alchian)和凯塞尔(R. A. Kessel)的《竞争、垄断与逐利》(Competition, Monopoly and the Pursuit of Pecuniary Gain),载于《劳动经济学纵横谈》(*Aspects of Labor Economics*),普林斯顿:普林斯顿大学出版社,1962年。

3 例如,以下期刊就有这方面的评论文章:《美国社会学杂志》(*American Journal of Sociology*)1958年3月、《社会力量》(*Social Forces*)1958年12月、《美国社会学评论》(*American Sociological Review*)1958年2月、《社会问题》(*Social Problems*)1958~1959年冬季刊、《图书馆杂志》(*Library Journal*)1957年8月、《社会研究》(*Social Studies*)1958年10月等。

"雇员歧视的相对值"研究,因为"很多时候,言即被视为行,即,工会宣言一直以来都被看做工会行动的同义词"。我想说的是,实际中的工会歧视要比全国性工会组织领导人所公开承认的还要严重。本版第四章之"补遗"原是1959年发表的分析工会歧视的文章。该文分析了何以工会存在严重的歧视问题,近年来,这种歧视已广为人知,因为黑人和其他少数族裔都欲争相加入各种行业工会。

第八章的分析表明,随着非白人的教育程度和其他方面的培训的增多,针对他们的市场歧视也随之增大。我曾预言:非白人的教育程度(相对白人)会提高,事实也正如此,因此我的结论是:"非白人的年龄越大、教育程度越高,其受到的市场歧视就越大,探究其中的原因很重要。"作为人力资源的后果分析的一个副产品,我深入思考了市场歧视与教育之间的关系,对此的分析见第八章之"补遗"。在美国南方,针对黑人男性大学毕业生的市场歧视较小,这可解释为:南方的专业技术类职业——如医生、牙医等——里的黑人大学毕业生较为集中,而他们也多为黑人顾客服务。

在第九章,其对20世纪前50年里黑人男子的绝对职业地位和相对职业地位的计算结果比该书其他实证分析的影响还大。[4]有学者对我所用的方法提出批评,作为回应,我发表了一篇篇幅不长但解释详尽的文章,以捍卫我的方法,其中也涉及20世纪50年

---

[4] 更为全面的分析还涉及对黑人女子的职业地位的探讨,见希斯坦德(D.L.Hiestand)《经济增长与少数族裔的就业机会》(*Economic Growth and Employment Opportunities for Minorities*),纽约:哥伦比亚大学出版社,1964年。

代的职业地位变化的计算结果。该文现为第九章之"补遗"。

下面,我将评论一下拙著第一版出版以来的其他研究进展。少数族裔群体的成员的失业率较高,原因不外乎:(1)他们多集中于易失业之工作;(2)他们在每一种工作中都较少就业。如果少数族裔的工作分布状况是由歧视造成的或歧视使得每一种工作中少数族裔的失业率更高,则少数族裔的高失业率就可以说是歧视造成的。但是,如果做同样的工作,少数族裔成员的工资率比主体群体成员的足够低,低到足以反映他们对少数族裔的歧视偏好,则少数族裔在某工作中的较高失业率就不能归因于歧视。这时,对这两个群体的成员来说,厂商雇用或解雇谁的动机是一样的。

尽管在第一版中对失业问题没有予以太多的关注,我还是意识到此问题的重要意义,在未来的进一步研究的建议中也提及此点:"一般来说,非白人的失业问题比白人严重,这是否与本书的分析相一致?这也是一个值得探究的问题。"我的一些计算结果表明,非白人的高失业率的主要原因(当然不是全部原因)是:他们在那些容易失业的工作中就业的现象很普遍。

此后,很多学者——特别是哈里·吉尔曼(Harry Gilman)[5]——又进行了更为精细的计算,其结果表明,非白人的高失业率中,职业内部的高失业率的因素占不到一半。欲将此归因于

---

5 详见吉尔曼《经济歧视与失业》(Economic Discrimination and Unemployment)一文,载《美国经济学评论》1965 年 12 月期;《白人和非白人的失业差异》(The White/Non-White Unemployment Differential),载珀曼(M.Perlman)主编的《都市经济中的人力资源》(*Human Resources in the Urban Economy*),巴尔的摩:约翰斯-霍普金斯(Johns Hopkins)出版社,1963 年。

对非白人的歧视（这与我们理论之内涵正相反），其困难在于，在美国北方，某职业内部的非白人与白人的失业率之间的差异显然大于南方，[6]尽管在南方针对非白人的歧视更为严重（详见第八章）。吉尔曼没有将职业内部的非白人的高失业率归因于歧视，而是归因于最低工资、失业补偿金及工会政策，但他并没有给出充分的证据。到目前为止，还没有人给出可解释诸如南北差异等问题的理论。[7]

在对针对少数族裔的经济歧视的重要性进行量化估算时，我们需要知道在不存在各种歧视的情况下少数族裔成员的收入值。不幸的是，这方面的材料不多，因而有些假设未免失之武断。例如，在第八章，我就假设在没有市场歧视的情况下，年龄相同、受教育程度相同的白人男子和非白人男子的收入也相同。当然，还可以假设在不存在各种歧视的情况下，在考虑到文化差异并进行适当调整后，智商相同的人其收入也相同。

近年来，在确定无市场歧视情况下的收入值时，有时会用到不同群体的真实生产率的估算值。自有关人力资本投资的系统分析理路提出后，经过发展，其对经济歧视的研究之重要性也许怎么说都不为过。如果就平均而言，少数族裔群体成员的能力与主体群

---

[6] 详见吉尔曼《经济歧视与失业》一文，载《美国经济学评论》1965年12月期；《白人和非白人的失业差异》，载珀尔曼主编的《都市经济中的人力资源》，巴尔的摩：约翰斯-霍普金斯出版社，1963年。

[7] 《政治经济学期刊》（1968年6月）倒是在"解惑答疑"（Puzzles and Problems）栏目中专门探讨了非白人的相对失业率的南北差异问题，但还没人给出答案，尽管格林沃尔德（M.J.Greenwald）在1969年6月期对此做了评论。

体成员一样,则如果前者收入低于后者,那么可以说这是对前者的人力资本投资不足和对其资本的歧视这两个因素共同作用的结果。

例如,与白人相比,非白人受到的教育质量较低,这点可以明显用来部分地解释何以在受教育年限相同的情况下白人和非白人却存在收入差距。[8] 最近的研究著作表明,当一个人成长为劳动力后,如果其收入随年龄的增加而增加,这就要归功于在职培训、在职学习及学校毕业后受到的其他的人力资本方面的投资。[9] 而非白人的相对收入随年龄的增加而下降,其部分原因(乃至大部分原因)在于他们在获得这种人力资本投资时遭到了歧视。在第八章,关于非白人随年龄和教育程度的增加而遭受到的歧视问题,需要从人力资本投资的角度予以系统的重新思考,第八章及其他学者的研究[10]还只是在这个方向上前进的一小步而已。

将国际贸易理论用于少数族裔受歧视问题的分析(见第二章)是第一版的一项理论创新,影响也最大。我的分析表明,当少数族裔群体和主体群体的成员都从"贸易"(即与其他群体的成员而不

---

[8] 在前面提到的第八章的"补遗"里,我的分析表明,非白人在校大学生不仅人均花费远低于白人大学生,而且前者从上大学中获得的收益率也远低于后者。还可参见菲尼斯·韦尔奇(Finis Welch)对美国南方农村地区的收入分析的文章《劳动市场歧视:对美国南方农村的收入差异的一种解释》(Labor-Market Discrimination : An Interpretation of Income Different in the Rural South),载《政治经济学期刊》1967年6月期。

[9] 例如,可参见明瑟(J.Mincer)的《收入分配》(The Distribution of Earnings)一文,载《经济学文献期刊》(*Journal of Economic Literature*)1970年3月。

[10] 例如,可参见明瑟《论工作培训:成本、收益及若干启示》(On the Job Training : Costs, Returns, and Some Implication),载《政治经济学期刊》1962年10月增刊。

是只与本群体其他成员一起工作)中获益时,少数族裔群体通常获益更大。该结论也可用于评估20世纪20年代马库斯·贾维(Marcus Garvey)发起的"回到非洲"运动的经济影响,还可用于评估对美国印第安人强制实施的经济隔离的后果。此外,还可以用于评估激进的"黑人权力"(Black Power)运动的鼓吹者所提出的新隔离主义。[11]

我的分析还表明,如果主体群体有对与他们一起工作的少数族裔群体成员歧视的偏好,则"贸易"就会减少,少数族裔的货币收入将减少,主体群体的净收入(即与少数族裔一起工作时的精神成本的收入净值)也将减少。在美国,由于白人不仅人数上而且在经济上的重要性也大于非白人,因此白人从"贸易"中的收益要远大于非白人;如果白人对非白人施加歧视,则白人收入降幅的比例也将更大。另一方面,在像南非这样的国家里,非白人是人数上的多数派群体,如果白人具有歧视偏好,则无论是非白人还是白人的净收入都将大幅降低。

我也注意到,按照最佳关税理论和一般垄断理论,贸易的减少将使主体群体的货币收入增加,但我认为,如果贸易的减少是歧视偏好的结果,那就与此无关。如果贸易的减少是主体群体的多名成员采取损人(包括少数族裔群体)利己的集体行动的结果,那就与此有关。这些集体行动包括在劳动市场居于买方垄断地位的厂

---

[11] 参见艾伯特·沃尔斯泰特(Albert Wohlstetter)和罗伯塔·沃尔斯泰特(Roberta Wohlstetter)的《国内外的"第三世界"》("Third Worlds" Abroad and at Home)一文,载《公共利益》(*Public Interest*)1969年冬季刊。

商的价格歧视、强势工会的入会限制以及运用政府权力增进各种利益等。

在第四章的"补遗"里,我思考了工会的入会限制对少数族裔就业的影响这个问题。不过,最重要且最广泛的影响显然是政府的行为。在20世纪早期的南非政府已经限制黑人在矿业部门就业,应当说,这在很大程度上是应白人矿主联合会的要求而做出的决定。此外,还有很多例子:华商在印度尼西亚和东南亚遭到的政府的骚扰,印度商人被某些非洲国家政府驱逐出境,二战期间在美的日裔美国人的财产被没收,美国很多南方州针对黑人的法律限制,几个世纪以来东欧的犹太人进入公立学校的人数极少,南非政府实行的种族隔离政策,等等。

当然,正如第五章所示,少数族裔成员也往往会利用政府来保护他们,乃至于增进他们的利益。近年来,地方政府、州政府、联邦政府都颁布了各种公平就业法,[12] 各公立大学开始实行开放招生政策,政府也实施了"费城计划"以增加建筑业里的黑人就业。

在第一版中,我对少数族裔集体行动的经济后果的关注不是很多,第四章的"补遗"对工会的经济后果的分析只不过是迈向全面分析的一小步而已。同样不幸的是,此后这方面的研究也不是很多,尽管近来下面这种观点得以重新流行:主体群体歧视的目的

---

[12] 威廉·兰德斯(William Landes)在《经济学视角下的公平就业法》(Economics of Fair Employment Laws,载《政治经济学期刊》1968年8月)一文中精彩分析了州级法律的影响,认为这些法律在明显提高了非白人的收入的同时,也显著推高了非白人的失业率。

是以少数族裔为代价来增加他们的货币收入。[13] 除了政府歧视和工会歧视,无工会的私营部门的共谋问题也受到重视,即使对于何以上千家厂商、上百万工人竟能成功地共谋以对少数族裔施加歧视这个问题还没有给出答案(参见我在第八章第8.1节对此的评论)。对于针对少数族裔的集体行动的影响范围和发生率问题的忽视,很可能是有关少数族裔经济地位分析中的最大不足。

尽管20世纪50年代中期以来我们对歧视的经济影响的理解有重大提升,我还是希望将来我们对此的理解能加速进行,哪怕十年后本书中的材料已成明日黄花,亦未尝不是幸事。

---

[13] 其中有两项研究非常著名:一是安妮·克鲁格(Anne O.Krueger)的《歧视经济学》,载《政治经济学期刊》1963年10月;二是莱斯特·瑟罗(Lester C.Thurow)的《贫穷与歧视》(*Poverty and Discrimination*,布鲁金斯学会,1969),其中的第七章尤为精彩。我这里之所以用"重新流行"一语,是因为这种观点在深受马克思主义鼓舞的文献中曾出现过(详见我在本书第二章第二节的讨论)。

第一版序

或许可以这样说，二战后，占据报纸版面最多的国内问题报道，莫过于有关少数族裔特别是黑人的歧视问题了。自高等法院做出废除公立学校种族隔离制的裁决以来，的确是这样。那时很多讨论都聚焦于非市场领域的歧视行为，例如上教堂、入学、投票等方面的歧视，但也有很多论著涉足市场中的歧视问题，如就业、住房、交通等方面的歧视问题。市场中的歧视问题很重要，不仅因为其直接的经济后果，还在于很多人坚信的一点：消除了市场歧视，也就可以消除非市场领域的诸多歧视行为。

在美国，尽管针对黑人的歧视问题受到了全球的关注，但美国的市场歧视程度其实远低于其他国家。在南非，歧视是基于肤色的种族歧视，种族隔离政策的实施造成黑人和白人在居住方面几乎是完全隔离，在其他市场领域，也存在普遍的隔离和歧视现象。在其他英联邦国家和很多英国殖民地地区也存在程度较为严重的针对有色人种的歧视，不过，英国人在施加市场歧视的时候，其市场歧视却不在英国本土，因此，很多时候，这并不被视为"英国的歧视"。很多欠发达国家里对妇女和出身低下者（如印度最低级阶层——"贱民"）的歧视现象就更多了，很多人都普遍认为这已构成经济快速发展的重大障碍。在英国、法国和其他西欧国家，也仍存在针对较低社会阶级的歧视,而在奉行共产主义的国家,则存在针对具有资本家背景的人的歧视。这样歧视的例子不胜枚举,足以说明:对歧视的经济后果的研究,不仅适用于美国,也适用于几乎所有国家。

无论是个人决策还是公共决策,此类研究可为明智的决策提供信息。例如:(1)如果针对少数族裔的歧视随其相对数量的增加而增加,那么,这至少部分地解释了美国南方和北方的黑人待遇差异,还驳斥了北方人的错误看法:他们把美国南方的歧视现象看作是南方人和北方人全然不同的气质使然。(2)无论怎样界定男女"同工同酬",要对此进行全面评估,就需要了解歧视的经济影响。(3)有些观察者认为,与三四十年前相比,今天的黑人在经济上并没有得到改善;如果在整个20世纪,少数族裔在经济上并没有得到什么改善的话,那么,制定反歧视的公共政策就显得更为迫切。(4)最后一个例子,如果垄断企业比竞争性企业更歧视员工,则反垄断政策将会派上新的用场。

尽管歧视问题很重要,但奇怪的是,经济学家却竟对此项研究无动于衷。[14] 至于原因,我们只能去猜测了。其他的社会科学家,尤其是社会学家和人类学家,由于较早涉足该领域,或许已将对此问题的研究视为禁脔,经济学家则表现出尊重他们的"财产权",一如尊重其他问题域的其他社会科学家的专属研究权。经济学家之

---

[14] 一个有趣的例外是唐纳德·杜威(Donald Dewey)的文章《美国南方行业的黑人就业状况》(Negro Employment in Southern Industry),《政治经济学期刊》第 LX 卷(1952年8月),第279~293页。

所以不涉足该领域,一个重要的障碍是:经济学家无法用量化的方法来处理非货币的动机问题,而此类动机恰是市场中的歧视的最基本的方面。关于主体群体和少数族裔之间的经济差距问题,经济学家没有提出系统的理论来进行解释,而这样的理论恰可以将针对少数族裔的歧视与他们对企业和职业的自由选择联系起来。

我将试着弥补这一缺憾,我用的是市场中的歧视理论,该理论是以经济后果的分析来补充心理学家和社会学家的原因分析。其实,甚至歧视的原因这个问题也没有得到很好的解释,因为缺少对后果的讨论,而这或许是该主题文献的最大空白。但凡涉及各种各样的"歧视"和"裙带主义"(nepotism)——无论是针对黑人、犹太人、女性以及那些"不招人待见"的人的歧视,还是对亲戚、同乡、同事的偏爱,都适用于该理论,因为在决定是否雇用他们、是否与其共事或者是否购买他们生产或销售的产品时,都有一个共同特征,那就是非货币的考量。

该理论不仅可用于分析市场中的歧视和偏爱问题,而且可用于分析更一般的非货币的动机问题。从这一点说,拙著的一个重要贡献就是:找到了一种可分析非货币动机的理论,并以此对市场中的歧视进行量化分析。我相信,既然该方法可用于对市场中的歧视问题进行量化分析,受此鼓舞,其他领域的非货币动机的问题也可进行量化分析。

本书章节结构如下:第一章提出基本分析路径以及一些重要概念的定义;第二章则将国际贸易理论应用到评估歧视对不同群体的收入的影响的一般方法。第三、四、五章则分别分析了雇主歧视、雇员歧视、消费者歧视及政府歧视对某要素的收入的影响。其

第一版序

中涉及的问题有垄断性行业和竞争性行业里的歧视的相对值、工会化的劳动市场和竞争的劳动市场里的歧视的相对值、住房歧视和住房隔离问题、竞争性要素和互补性要素的歧视效应等。第六章则提出了一种理论,用于分析雇主歧视、雇员歧视、消费者歧视和政府歧视的共同作用之效应。该理论说明了为什么美国南方的行业多由小企业、小厂商组成以及为什么黑人会更愿意从事某些职业和在某些行业中就业。

第七、八、九章可视为前面几章用到的理论的扩展应用,所涉及的问题包括市场歧视的地区差异的原因以及针对黑人的歧视是否随时间推移而发生变化等。

我有幸获得两个基金会的支持,也有幸得到很多人的鼓励和批评意见。埃尔哈特基金会(Earhart Foundation)授予我1953~1954学年研究奖学金,西尔斯·罗巴克基金会(Sears Roebuck Foundation)为我的研究提供了资金支持,鲍莫尔(W.J.Baumol)、汉密尔顿(E.J.Hamilton)、哈伯格(A.C.Harberger)、约翰逊(D.G.Johnson)、马歇克(J.Marschak)、莫斯特勒(F.Mosteller)、舒尔茨(T.W.Schultz)、施蒂格勒(G.J.Stigler)、威利特(J.Willett)、泽曼(M.Zeman)等对拙作提出了有价值的评论,在此谨致谢忱。

我要特别感谢格雷格·刘易斯(H.Gregg Lewis),他特意拨冗就拙著中的思想进行多次讨论。可以说,全书的每一章、每一页,无不渗透着他的影响,职是之故,尽管拙著疏舛之处仍在所难免,但如果没有他的帮助,则拙著的最终定稿恐不足观矣。我还要特别感谢米尔顿·弗里德曼(Milton Friedman),他不仅为本书的初稿提出了意见,而且还要感谢他对我的经济分析的训练,感谢他一直以来所强调的理念,那就是:经济分析可用于解决重要社会问题。最后,我还要感谢我的妻子多莉娅,在本书写作过程中,她帮我进行数值计算、打字及疏通文句、增饰润色,感谢她的包容、耐心和鼓励。

第一章　市场中的歧视的决定因素

在社会心理学的文献里,某甲"歧视"(或"偏爱")某乙是指:甲对乙的行为的动机并非出于一种"客观的"考量。[15] 不过,如果据此定义,则难以区分到底是偏离客观事实还是出于偏好或价值表达。举个例子,如果有人偏爱某个迷人的好莱坞女星的作品胜过另一个女星的作品,这时我们一般不会说这是歧视或偏见。但如果有人更愿意与白人为邻而不愿意与黑人为邻,这时我们就说这是一种偏见或歧视。上述行为到底哪些可称之为"歧视",最好还是做出细微而间接的区分。[16] 还好,我们这里暂不涉及这些更为哲学化的问题。我们还是能够对市场中的歧视给出一个明晰的定义的,从而抓住歧视的本质。

---

[15] 许多文献正是从这个角度定义"歧视"的。在一篇关于如何定义"歧视"的讨论中,戈登·奥尔波特(Gordon Allport)是这样定义"偏见"的:种族偏见就是基于一种固执的错误的普遍化的厌恶之情。见氏著《偏见的实质》(*The Nature of Prejudice*)〔马萨诸塞州剑桥:埃迪森-威斯利(Addison-Wesley)出版社,1955年〕,第9页。

[16] 奥尔波特等人所做的区分是:那些歧视黑人的人对关于黑人的各种问题做出了"错误的"答案,而当问及关于好莱坞女星的问题则没有给出错误的答案。我们且不管如何判定答案对错与否的问题,而是从另外的角度来看这种区分是否合理。现在假如出现这种情况:关于黑人的问题所做出的这些答案与已知的事实相符,而关于好莱坞女星的问题所给出的答案与事实不符,那么,那些做这种区分方法的人还会说偏爱白人不是歧视的行为(而偏爱女星就是歧视)吗?

1.1 分析框架

作为常用的测量工具,货币也可以充当测量歧视的尺度。如果某人有"歧视偏好"(taste for discrimination),则他一定表现得似乎愿意支付某个东西——直接支付或不惜降低收入——给与之相关的一些人(而不是其他人)。当实际的歧视行为发生时,他一定会为他的这项"特权"真的支付某个东西或不惜降低收入。以这种方式来看待歧视简单明了,直达偏见和歧视的本质。

社会科学家往往从各自的学科出发来论述市场中的歧视问题。对社会学家来说,对某群体的歧视程度与距那个群体的社会"距离"和身体"距离"的不同程度相关,或者与其社会经济地位有关。心理学家则依性格类型对人群分类,认为是最有效的分类原则。本书所用的分类方法对经济学家来说最为熟悉,而与上述社会学家和经济学家的分类方法有所不同:所有以相同的方式——如出租资本或出卖劳务——对生产做出贡献的人都可归为一类,每类都是各自独立的"生产要素"。用经济生产率进行分类的方法确实行之有效,因为该方法突出了有关歧视的文献中长期被忽略的现象。

运用"歧视系数"(discrimination coefficient,简写为DC)的概念,我们可以对不同生产要素、雇主和消费者的"歧视偏好"进行定义。一项经济活动的货币成本未必就是净成本,而DC恰可将货币成本和净成本联系起来。设雇主要对某要素支付货币工资率为 π 的工资支出,我们就可以认为他好像支付了 $\pi(1+d_i)$ 的净工资率,其中 d_i 为该雇主对这种要素的DC。对于与这种要素一起工作的雇员来说,如果他的货币工资率为 π_j,则他好像得到的净工资率就是 $\pi_j(1-d_j)$,其中 d_j 为该雇员对这种生产要素的DC。对消费者来说,对于某个由该要素"生产"的单位货币价格为 p 的商品,则他好像支付的净价格就是 $p(1+d_k)$,其中 d_k 为该消费者对该要素的DC。在上述三种情形中,DC给出了一个百分比,通过这个百分比,在从货币值到净值的换算中,就可算出货币成本或货币收益:雇主用它来估算净工资成本,雇员用来估算他的净工资率,消费者用来估算商品的净价格。

DC表示某项经济活动中的非货币因素,既可以是正值,也可以是负值,这取决于非货币因素是"好的"还是"坏的"。歧视通常是因接触某些人而产生的负效应而起,这里所说的歧视也是从这个角度定义的。这就意味着 d_i、d_j、d_k 均大于零,因此,对雇主来说,该系数就表示非货币的生产成本;对雇员来说,该系数就表示非货币的就业成本;对消费者来说,该系数意味着非货币的消费成本。[17] 如果 d_i、d_j、d_k 均小于零,则意味着"厚爱"而不是"歧视"了,于是该系数就变成了生产(对雇主来说)、就业(对雇员来说)、消费(对消费者来说)过程中的非货币收益。

πd_i、$\pi_j d_j$、$p d_k$ 的值恰为既定工资率和价格下的非货币成本

---

[17] 奥尔波特对消极偏见和积极偏见做了区分,这与笔者对歧视偏好与厚爱偏好的区分是一个意思。奥尔波特也认为,消极偏见通常是歧视行为背后的动机所在(见前揭书第6、7页)。但在他的大作的后文(第25页),他又断言"我们几乎还没听说有谁喜欢(积极的)偏见",因为"此种偏见不会引起社会问题"。他的这个说法是不对的,因为积极的偏见或者说厚爱的社会经济意涵与消极的偏见或者说歧视的社会经济意涵差不多。

的货币等值。这些货币等值越大,则 d_i、d_j、d_k 就越大。由于 DC 的取值范围介于零与正无穷大之间,故歧视偏好的值也介于零与正无穷大之间,且为连续的。要将歧视偏好进行量化,可根据经验对歧视的重要程度进行量化估算。

1.2 歧视偏好

歧视偏好的程度因人而异,很多研究者为找到可反映这些差异的变量而倾注了大量的精力。在此,笔者也试图分离、估算出这些变量的可量化的重要程度,下面就简要介绍一下后面几章将要用到的几个变量。

某个人对某个群体(姑且称为群体 N)的歧视,取决于他们之间的社会距离和身体距离及他们相对的社会经济地位。如果在生产中他与 N 一起工作,歧视也取决于他们在生产中相互替代的程度。对于整个社会来说,N 的相对值可能极为重要:如果少数族裔成员的数量增加了,则对他们的歧视程度也会加重,这是因为,这个社会的主体群体成员会担心少数族裔群体的力量会与日俱增。不过,也有人认为,少数族裔群体的人数越多,则社会对他们的了解就越多,从而减少对他们的偏见。与该变量密切相关的是,各企业内部与 N"接触"的频率和规律。

根据前面的定义,如果某人有"歧视偏好",则他就会有宁可减少收入也要回避某项经济活动的想法。需要提醒读者注意的是,我在这里对"想法"二字是加了着重号的。雇主也许会由于误认为黑人的经济效率低而不雇用黑人,则该雇主的行为固然是歧视,但却并不是因为他对黑人有偏见,而是因为他不了解黑人的实际的

第一章 市场中的歧视的决定因素

工作效率。通过知识的传播,对某群人"无知"的情形可以很快消除。可是偏见(即作为一种"偏好"的偏见)就不同,相对来说,偏见与知识的关系不大。[18] 要理解许多组织的动机,则做这种区分就是必不可少的,因为这些组织往往这样认为:通过大规模的知识普及,歧视是可以消除的。[19]

由于歧视偏好往往混杂着偏见和无知,则必须将已有的知识的数量也考虑进来,以作为影响歧视偏好的一项决定性因素。另一个最与之相关的决定性因素是时空因素:歧视会因不同的国度、同一国度内的不同地区、同一地区的城乡之间及不同的时期而异。还有,歧视偏好的程度也会因个人性格而异。

1.3 市场歧视

设有 W 和 N 两个群体。在生产中,W 的成员恰好与 N 的成员可完全替代。在没有歧视和厚爱的情形下,如果劳动市场是完全竞争的,则 W 的均衡工资率恰好等于 N 的均衡工资率。但由于歧视的存在,二者的工资率有所不同,则 M 与 N 之间的"市场歧视系数"(market discrimination coefficient,简写为 MDC)就可

---

[18] 很多持有偏见的人在回答有关他们所歧视的人群的问题时,往往会出错。不过,如要正确理解他们的歧视行为并要消除其歧视行为,则他们对所歧视人群的"无知"反而不是最重要的。这是因为,他们的歧视行为根深蒂固,即便告知他们事实的真相,他们也会无动于衷。类似的观察结果亦见于前揭书第 i 章。

[19] 这就像有些广告主致力于普及知识,有的广告主则竭力让消费者对他们的产品产生令人愉悦的(尽管在逻辑上是不相关的)联想从而达到改变偏见和歧视的目的。同样,有些组织也在竭力使人对歧视产生不那么令人愉悦的(尽管在逻辑上也是不相关的)联想从而达到改变歧视偏好的目的。

以用二者工资率的百分比差异来定义。设 π_w 和 π_n 分别为 W 和 N 的均衡工资率,则

$$MDC = \frac{\pi_w - \pi_n}{\pi_n}。$$

设 M 和 N 是不完全相互替代,则即使没有歧视,二者的工资率仍然不同。对 MDC 更一般的定义是,在存在歧视的情形下与不存在歧视的情形下 W 和 N 的工资率的百分比差异。[20] 在可完全相互替代的特殊情形下,该定义就是上述的公式,因为在此情形下,$\pi_w^0 = \pi_n^0$。

显然,MDC 的大小取决于单个的 DC 值。不幸的是,人们往往假定,MDC 的大小仅仅取决于单个的 DC 值;他们进而认为,只要了解影响歧视偏好的决定因素,就足以完全洞悉市场歧视。这种思路是错误的。除了歧视偏好,还有其他许多变量也在决定市场歧视值中起到重要作用,况且,有时歧视偏好所起到的作用可能并不重要。在运用经济学分析工具时,对其他变量也给予足够的关注,则在运用这些经济学分析工具的过程中,这本身就是你所获得的重要洞见。

MDC 与每个人的 DC 有着重要的关系;当然,仅测算 DC 的平均值还不够。在一群人中,必须弄清楚 DC 的完全分布情况,因为 MDC 的大小与个体间的歧视偏好差异有着一定的关系。MDC 也受到劳动市场和产品市场的竞争/垄断状况的相对重要性的影

---

20 即 $MDC = \frac{\pi_w}{\pi_n} - \frac{\pi_w^0}{\pi_n^0}$,其中 π_w^0 和 π_n^0 分别为无歧视情形下 W 和 N 的工资率。

第一章 市场中的歧视的决定因素

响,因为这部分地决定了市场赋予各个 DC 的权重值。N 的经济上的重要性和人数的重要性也是决定歧视偏好的一个因素,此变量也是市场歧视的一个独立变量。这种独立效应是通过 N 的相对数量(相对 W)和单位产出中 N 的相对成本(相对于单位产出中的总成本)体现的。在决定市场赋予各个 DC 的权重值时,二者可能都很重要,尽管原因有些不同。避免歧视的途径之一就是,通过不同要素之间的替换,来重新组织生产;替换的数量取决于生产函数。

MDC 是这些变量的直接函数,是其他变量——那些影响歧视偏好的变量——的间接函数。只有弄清楚这些函数关系,我们对歧视的经济方面的认知才算得上令人满意。在接下的几章里,笔者将展示自己在填补这方面空白的探索结果。

第二章　有效歧视

任意两个群体间的 MDC 可以根据特定的劳动市场、资本市场或二者组合的市场加以定义。对于某个特定的劳动市场或资本市场或所有市场的组合，近来，人们的兴趣集中于歧视对这些群体的总收入的影响上。例如，白人的歧视也许会降低黑人的收入，而这种歧视对白人的收入又有什么样的影响？许多作者断言，白人在市场中的歧视是出于他们自身的利益考虑，也就是说，目的是增加他们的收入。如果这种观点成立，那么，黑人出于自身的利益，也会"以牙还牙"，对白人施以歧视，因为这样会提高黑人的收入。另一方面，假如说白人的歧视降低了自身的收入，那么这种降幅与黑人的收入降幅相比哪个大？绝大多数的分析中都暗含着一个假设，那就是：在市场歧视中，像黑人等少数族裔所遭受的损失要大于诸如白人等主体群体的损失。但还没有人指出出现这种情况的根本的结构性原因。本章的分析将表明，群体 W 对群体 N 的歧视行为不仅会降低群体 N 的收入，而且也会降低自身的收入，而群体 N 的"报复"只能使自身的境况更为恶化，而不是得到改善。同时，下文还揭示了少数族裔由于受歧视而遭受的损失大于主体群体的损失的原因所在。

2.1 模型

如果讨论限于两个"社会"之间的贸易,其中一个"社会"只由 N 组成,另一个则只由 M 组成,则分析就会得到简化,并得到新的认识。由于分析限定在完全竞争的情形,因此政府和垄断可暂时忽略不计。这里,我们的重点放在 W 和 N 的总收入,因此,生产要素的多样性也忽略不计。我们的讨论限定在每个社会里的同质要素——劳动和资本,且在生产中,N 的单位劳动和单位资本与 M 的单位劳动和单位资本可完全替代。加入两个社会"贸易"的不是商品而是商品生产中的要素。每个社会都有可供"输出"的相对优势即相对丰富的要素:W 可输出资本,N 可输出劳动。在给定的劳动与资本的交换比率下,N 可供输出的劳动的数量为 N 的总劳动量与 N"国内"所用的劳动量之差;同理,W 的可输出的资本量为 W 的总资本量与 W"国内"所用的资本量之差。

在不存在歧视的完全均衡状态下,下列条件成立:(1)每种要素的报酬与其为 N 所用还是为 W 所用无关;(2)产品的价格与其是由 N 生产还是 W 生产的无关;(3)每种要素的单位报酬等于其边际价值。如果 W 的成员试图歧视 N 的资本和劳动,则他们就有宁愿降低收入也要避免和 N 的成员一道工作的意愿。这样,当 W 的资本同 N 的劳动相结合时,这种歧视偏好就会使 W 的资本净收益减少,[21]还会导致 W 可供输出的资本量的减少。这样,N 的劳动的净收益也会减少,而可供输出的劳动量也将减少。如此,在新的均衡状态下,N 可供输出的劳动量和 W 可供输出的资本量都会减少。由此可见,资源分配上的变化减少了 N 和 W 双方的均衡净收入。[22] 由于歧视对 W 和 N 均造成损害,W 的歧视并非增加其对经济财物的净支配的精明之举。[23]

2.2 歧视与资方利益

尽管 W 和 N 的总净收入会因歧视而有所减少,但所有要素受影响的方式不尽相同:W 的资本收益和 N 的劳动收益都会减少,但 W 的劳动收益和 N 的资本收益却会增加。许多文献都认为,在竞争的资本主义经济制度中,占优势地位的群体中的资方是

---

[21] 如果 W 有意歧视对方,则与"国内"所用的资本相比,输出的资本必须有更高的均衡货币收益才能弥补与 N 的劳动合作时的损失。不过,如果 W 的所有成员都有相同的歧视偏好,则 W 所有的资本的均衡净收益必定相同。因为国内资本在与 W 的劳动合作时没有心理成本,所以 W 国内资本的净收益和货币收益也是相等的,因此,W 国内资本的均衡货币收益就是 W 的所有资本的均衡净收益。由于 W 的劳动只同 W 的资本相结合,所以 W 的所有劳动的货币收益和净收益也是相等的。

[22] 见本章附录。

[23] 如果我们将歧视与关税做一番比较,就会发现,尽管二者的影响有些是相似的,但二者的影响还是有不同之处。歧视会造成这两个社会的净收入下降,而比克代克(Bickerdike)很早就指出,适当的关税则会增加征税方的净收入。关税仅造成进口商品的社会价格与个人购买价格的差异,但却没有造成净收入与对商品的总支配之间的差异。歧视则不然,它造成了净收入与对商品的总支配之间的差别,但并没有造成社会价格与个人购买价格之间的差异。就作用的相似程度而言,歧视与运输成本之间的共同之处要多于其与关税的共同点。

第二章 有效歧视

偏见和歧视的主要受益者。[24] 如果 W 代表白人或其他某个占优势地位的群体,则这种观点之谬误就显而易见,因为歧视会损害 W 的资方,而 W 的工人则会受益。在这些文献的分析错误中,其逻辑推理的最混乱之处在于:他们明确指出或暗示说,如果歧视偏好使 N 的工人的工资率低于 W 的工人的工资率,则两种工资率之差便可视为 W 的资方的"利润",从而增加了 W 资方的收益。[25] 只有在由于买方垄断而形成的价格歧视的情况下,工资差异才会成为利润,而歧视偏好所导致的工资差异并不能形成利润。

---

24 心理学家萨恩格(Saenger)认为:"在竞争的经济制度下,歧视的行为明显有利于管理者。"见氏著《偏见的社会心理学》(*The Social Psychology of Prejudice*),纽约:哈珀-布罗斯(Harper & Bros.)出版社 1953 年版,第 96 页。另一位心理学家奥尔波特认为:"因此,我们认为,马克思主义者关于偏见的理论太过简单,尽管该理论明确指出了有关偏见的一项重要内容,即上层阶级自身利益的合法化。"见氏著《偏见的实质》,马萨诸塞州剑桥:埃迪森-韦斯利出版社 1955 年版,第 210 页。类似的表述还可参见罗斯(A.Rose):《偏见的成本》(*The Costs of Prejudice*),巴黎:联合国教科文组织 1951 年版,第 7 页;考克斯(O.C.Cox):《等级制、阶级与种族》(*Caste, Class and Race*),加登城:双日(Doubleday)出版公司 1948 年版,全书;多拉德(J.Dollard)《美国南方城市里的等级制与阶级状况》(*Caste and Class in Southern Town*),纽黑文:耶鲁大学出版社 1937 年版;麦克威廉斯(C.McWilliams):《特权的面具:美国的反犹主义》(*A Mask of Privilege: Anti-Semitism in America*),波士顿:里特尔-布朗(Little Brown)出版公司 1948 年版;阿普特克(H.Aptheker):《美国的黑人问题》(*The Negro Problem in America*),纽约:国际出版社 1946 年版,等等。

25 威克尔森(D.A.Wilkerson)在阿普特克的著作的"绪论"里这样写道:"今天,物质利益与黑人所受的压迫的关系仍然存在。……1930 年,南部黑人佃农和黑人日工的人均年收入大约为 71 美元,而同样条件下的白人的人均年收入为 97 美元,两者相差 26 美元。而 1930 年的美国南部有 1 205 000 名黑人佃农和黑人日工,两者相乘,就可以看出,由于黑人工人与白人工人的工资差别,种植园主'省下了'3100 多万美元。"见阿普特克前揭书第 10 页。

2.3 歧视与经济隔离

如果没有歧视,则这两个社会之间的贸易可达到最大规模,而贸易量随着歧视的加剧而减少;当歧视偏好大到足以阻碍贸易的程度时,这两个社会就会陷入经济孤立状态,只能依靠自身的资源来发展。每个社会内的成员只能彼此合作,完全的经济孤立会走向完全的经济隔离。一般说来,由于歧视的加剧会减少贸易,而贸易的减少会加剧经济隔离,因而,歧视的加剧必定伴随着经济隔离的加剧。

针对 N 的总 MDC 可定义为 W 与 N 的实际收入之比与无歧视情况下二者收入之比的差值。[26] 只要 MDC 大于 0,就必定存在针对 N 的"有效歧视"。如果 W 对 N 的无论何种程度的歧视都可导致对 N 的有效歧视,则当 N、W 完全隔离时,N 的相对于 W 的收入比二者在自由贸易时的要低;此时,N 从贸易中获得的收益大于 W。

本章附录将证明:如果 W 对 N 的无论何种程度的歧视都可导致对 N 的有效歧视,那么,N 的绝对收入与相对收入都将随歧视程度的加剧而不断下降,见图 2-1,其中横轴表示 W 的净收入,纵轴表示 N 的净收入。P_0 表示无歧视时二者的收入,P_1 表示完全隔离状态下二者的收入,曲线 P_0WP_1 表示在 W 不同程度

---

[26] 令 $Y(N)$ 和 $Y(W)$ 分别为 N 和 W 的实际收入,$Y_0(N)$ 和 $Y_0(W)$ 分别为无歧视时各自的收入,则总 MDC 可定义为 $MDC = \dfrac{Y(W)}{Y(N)} - \dfrac{Y_0(W)}{Y_0(N)}$。

第二章 有效歧视

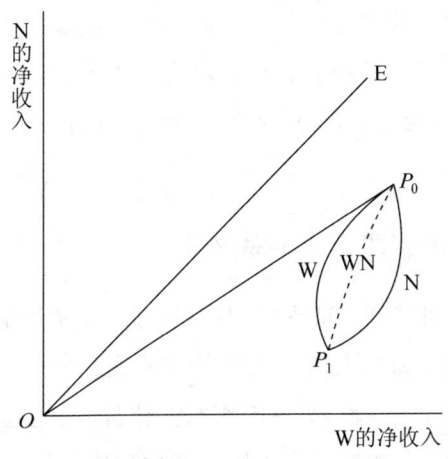

图 2-1 歧视对收入的影响

的歧视下二者的收入。由于假定对 N 的有效歧视总是存在,所以曲线 P_0WP_1 总位于线段 OP_0 的下方。随着歧视程度的增加,对 N 的总 MDC 也随之增加;当歧视偏好大到足以阻止 W 和 N 之间的一切贸易时,收入将达到最小值而总 MDC 达到最大值。这一结论对于一度引起相当争议的主张极为重要,该主张建议:应当在经济上及其他方面将少数族裔完全隔离开来,以免受到主体群体的歧视。[27] 如果把 N 视为少数族裔群体,W 视为主体群体,则上述的分析表明:实行完全隔离会降低少数族裔的绝对收入和相对收入,因而增加了而不是减少了针对他们的歧视。对少

---

[27] 在 20 世纪 20 年代,马库斯·贾维领导了一场声势浩大的运动,号召美国的黑人回到非洲以"逃离"歧视。该结论也有助于理解南非的"种族隔离"政策的某些影响。

数族裔的有效歧视部分地是由于他们从与主体群体的"贸易"中的获益过于丰厚;相应地,完全的隔离并不能消除歧视所带来的不利的经济影响,相反,只会使这种不利的经济影响成倍地扩大。

2.4 美国印第安人和黑人的收入

上述结论可得到实证支持,只要比较一下美国的两个少数族裔——印第安人和黑人的收入就可以看出。这两个少数族裔一个与主体群体完全隔离,另一个则与主体群体发生贸易。美国的印第安人可视为与美国的白人隔离开的群体(部分原因是他们的选择,部分是由于武力驱赶的结果),而美国的黑人可视为与白人发生着贸易的群体。尽管印第安人与白人确实有些经济接触,但与黑人和白人之间的经济接触相比,印第安人与白人的经济接触少得可怜。在黑人奴隶被解放时,如果他们的人均资源仍不及印第安人的话,我们当然可以将这两个群体的人均收入差距归于他们与白人的接触程度的差距。表2-1的数据则表明,1949年美国印第安人的净收入中位数仅为黑人净收入中位数的76%。[28] 就区域及城乡比较而言,黑人收入有五项高于印第安人,一项低于印第安人,还有一项二者几乎相等。这样,无论就全国整体水平还是区域/城乡比较而言,1949年黑人的收入要大大高于印第安人

---

[28] 当用货币来衡量净收入时,这里就暗含一个假设:与黑人对货物的总支配价值相比,黑人与白人的贸易成本相对较小。

的收入。[29]

表 2-1　1950 年印第安人和黑人的收入中位数：区域比较及城乡比较

区域	城市居民	农民	农村里的非农居民	全体居民
	黑人的收入中位数（单位：美元）			
美国东北部	1 623	1 050	*	——
美国中北部	1 697	560		——
美国南部	861	431	——	——
美国西部	1 524	897		——
美国平均	——			952
	印第安人的收入中位数（单位：美元）			
美国东北部	1 626		1 033	——

---

[29] 如此的区域-城乡分类数据是否令人满意还很难说，因为与白人的贸易优势部分取决于其迁入报酬尚可的白人都市区及其他地方的机会。

如果印第安人中的女性所占的比例大于黑人劳动力中的女性比例的话，那么这些数据就有可能低估了男性印第安人的收入，因为女性收入通常少于男性。不过，在 1950 年，只有 20% 的印第安劳动力为女性，而黑人劳动力中女性占到了 35%（美国人口普查署：《1950 年人口普查结果：关于各非白人的特别报告》，华盛顿特区：政府印刷品办公室，1953 年，表 9 和表 10）。这样，印第安男子的收入中位数很可能还不到黑人男子收入的 76%（1949 年，美国印第安人的净收入中位数为黑人净收入中位数的 76%）。

当然，我们可以假设印第安人的人口一直在增长，且增速一直快于黑人，那么，由于印第安人总人口数的增加，会部分地抬高印第安的收入增长。只是事实可能正相反。我们可以根据 1890 年的印第安人人口数量推算：该年印第安人的人口总数为黑人人口总数的 3%，则 1950 年的印第安人人口总数为黑人的 2%（参见《1953 年美国统计文摘》，华盛顿特区：美国政府印刷品办公室，1954 年，第 38 页）。也就是说，黑人人口增速要快于印第安人。

印第安人和黑人的受教育程度差异也并不大。1950 年，男性黑人的受教育年限的中位数为 6.9 年，女性黑人为 7.7 年；而男性印第安人为 7.3 年，女性印第安人为 7.4 年（美国普查署：《1950 年人口普查结果：关于各非白人的特别报告》，表 9）。

此种比较意在引发思考，而并非最终结论。要确定 19 世纪末印第安人和黑人的收入（以 1949 年的数据为基准），还需要做更为详尽的研究。

(续表)

美国中北部	1 188	360	602	——
美国南部	1 168	366	682	——
美国西部	1 180	406	721	——
美国平均	——		——	725

资料来源：美国普查署：《1950年人口普查结果：关于各非白人的特别报告》(Census of Population, 1950: Special Report on Non-White Population by Race)(华盛顿特区：政府印刷品办公室，1953年)，表9和表11。

* 注：数据阙如。

2.5 歧视与经济上的少数

我已证明，在 W 对 N 的任何程度的歧视都会引起对 N 的有效歧视的一个充分必要条件是[30]

$$\frac{Y_0(W)}{Y_0(N)} > \frac{l_n}{l_w}, \tag{1}$$

其中 l_n 和 l_w 分别为 N 和 W 可供给的劳动数量，$Y_0(W)$ 和 $Y_0(N)$ 分别无歧视情形下 W 和 N 的总收入。如果 N 是人数上的少数即 $l_n < l_w$ [31] 且 $c_n < c_w$（其中 c_n 和 c_w 分别为 N 和 W 所提供的资本数量）[32]，则

---

[30] 详见本章附录。

[31] 如果 N 在人数量属少数派群体，则 $N(l'_n)$ 所拥有的劳动的数量要小于 $W(l'_w)$。N 和 W 可供给市场的劳动分别为 $l_n = a_n l'_n, l_w = a_w l'_w$。若 $a_n = a_w$，则由 $l'_n < l'_w$ 可知 $l_n < l_w$。更一般地，当且仅当 $\frac{a_n}{a_w} < \frac{l'_w}{l'_n}$，由 $l'_n < l'_w$ 可知 $l_n < l_w$。这看来不失为一个合理的限制，正文的推导过程实际上暗含了这个限制条件。

[32] 当且仅当 $\frac{l_n}{l_w} > \frac{c_n}{c_w}$ 时，N 才出口劳动。如果 $l_n < l_w$，则 $c_n < c_w$。

$$\frac{Y_0(W)}{Y_0(N)}>1, \qquad (2)$$

进一步支持了不等式(1)的成立。不等式(2)说明，N 的收入少于 W，所以 N 是经济上的少数。因此，如果 N 是人数上的少数，且它同时是经济上的少数，也就必然会出现对它的有效歧视。如果 N 在人数上并不是少数，则不等式(1)和(2)就未必成立；只有在与 W 在人数上的少数相比，N 是经济上的少数程度更甚，这两个不等式才成立。[33]

由此可见，对 N 的有效歧视的一个必要条件是，N 是经济上的少数；其充分条件是，N 是人数上的少数；必要且充分条件是，N 既是人数上的少数，更是经济上的少数。人们早就承认，歧视与劣势地位密切相关，强调的重点是人数上的少数派群体的政治代表方面的不平等。在自由企业竞争的社会里，研究歧视固然也使用少数—多数这一框架，但在这里，经济上的少数比人数上的少数更为重要。在竞争的社会中，经济歧视看来与经济上的少数有关，而政治歧视则与政治上的少数有关。

2.6 现实中的歧视

(1) 美国黑人所受的歧视

美国的黑人只占总人口的 10% 左右，因此，他们的劳动供给数量远少于白人的劳动供给数量。而且相对资本来说，黑人比白人拥有更多的劳动，因此黑人必定是劳动的净"输出者"。这两个

33　仅当 $a_n = a_w$ 时，这一表述才是完全严格的。

条件——即脚注 32 和不等式(1)——表明,通过竞争的经济机制的作用,白人的歧视偏好可导致对黑人的有效歧视。有证据表明,白人对黑人的有效歧视不仅存在,而且总 MDC 值还很大。美国黑人只拥有很少的资本,而白人的资源分配较为平衡[34],这样,黑人可与之结合的白人资本数量的大幅减少会大大降低黑人的绝对收入和相对收入。

如果我们知道歧视的实际数量、生产函数的性质以及可供给的资本和劳动数量,我们就可以估算出市场歧视对不同群体造成的经济损失。进行这种估算的一般方法可以用一个例子来说明,这个例子还大致显示了白人的市场歧视对美国黑人和白人的经济损失的程度。

假定生产函数为如下的科布-道格拉斯(Cobb-Douglas)生产函数

$$X = kl^r c^{1-r},$$

其中 $r = \frac{2}{3}$。设白人的劳动供给数量是黑人劳动供给数量的 9 倍,白人的资本供给数量为黑人的资本供给数量的 150 倍。[35] 由

---

[34] 由于贫困既是资源分配不平衡的原因,也是资源分配不平衡的结果,因此二者可能是相互作用的关系。譬如说,穷人很难获得资金用于投资自身。

[35] 这里将投资于人的资本视为资本而非劳动。如果视为劳动,则黑人和白人的劳动可完全替代的假设就难以成立,因为白人比黑人有更多的资本用于投资自身。由于黑人的劳动力数量为白人的 1/9 左右,因此我们假定白人劳动为黑人的 9 倍(如果白人和黑人的天生能力大致相同)。白人与黑人的资本比率只能是一种推测。我们的模型暗含着如下内容:美国黑人向白人"输出"非熟练劳动,而白人则向黑人"输出"资本及熟练的劳动。

第二章 有效歧视

于计量单位可任意选取,因此我们假定黑人拥有的劳动和资本各为 1 单位,即 $l_n=1, c_n=1, l_w=9, c_w=150$。如果不存在歧视,则黑人和白人的收入为:$Y_0(N)=1.7, Y_0(W)=23.5$,白人将向黑人输出 14 单位的资本。如果歧视大到足以导致完全隔离,则黑人和白人的收入为:$Y_1(N)=1.0, Y_1(W)=23.2$(详见本章第 2.4 和 2.5 节)。黑人收入的最大降幅达 40%,而白人的收入降幅却微不足道。在没有歧视的情况下,黑人的人均收入约为白人人均收入的 66%;在完全隔离的情况下,黑人的人均收入仅为白人人均收入的 39% 左右。

实际的均衡位置位于这两个极值之间的某点。如果歧视使白人的资本输出数量减少大约 40%,即白人实际输出 8 单位而非 14 单位的资本,这时黑人和白人的收入分别为 1.5 和 23.3,黑人的人均收入为白人人均收入的 57%。对黑人劳动的 MDC 可用白人和黑人实际的净工资率的百分比差异来表示,对黑人资本的 MDC 可用白人和黑人实际的资本净租金率的百分之差异来表示。于是这两个 MDC 的值分别为 +0.21 和 −0.31,因此白人的劳动收益更高,黑人的资本收益更高。白人的劳动和黑人的资本均从歧视中获益,而白人的资本和黑人的劳动则由于歧视的存在而遭受损失。不过,由于黑人的净损失大于白人的净损失,因此,还是出现了对黑人的总市场歧视。白人对黑人的劳动市场的歧视使黑人的收入减少了 13%,换言之,当停止市场歧视时,黑人收入将提高 16%。歧视对白人的收入造成的损失几乎可忽略不计,因为白人在与黑人的"贸易"中获益甚少。

如果生产函数越是资本密集型的,与黑人所拥有的资本相比,白人拥有的资本更多，或者说，如果歧视使得白人的资本输出量减少40%以上，那么据估算的黑人的经济损失就越大。相反，则估算的黑人的估计的经济损失就越小。由于对这些变量掌握得还不够充分，因此，不可能准确估算出黑人的损失，16%仅仅是一个极为粗略的估算。尽管与某些讨论所假设的情形下的损失值相去甚远，但黑人的经济损失看上去仍然很大。[36]

人们往往明确或暗含地假定针对黑人的总MDC值很大，而对此的解释又特别强调政治歧视、阶级斗争、垄断以及市场不完善等。本文的分析则表明，上述因素对解释MDC并非必不可少的，因为在美国相互竞争的自由企业制度下，个人歧视偏好在进行资源分配时，其分配方式很容易导致对黑人的严重的市场歧视。人们通常将美国视为用竞争体现经济价值的典范，这就意味着像垄断、政治歧视等至多构成市场歧视的次要因素，而竞争环境下的个

---

[36] 笔者在无意中发现，只有一人试图明确估算歧视的经济成本。他所用的方法如下："这些计算结果惊人地提示了歧视对我国生产带来的实际成本，如果换算成美元的话。我们发现，黑人家庭的年均收入为1043美元，而白人家庭的年均收入为3062美元，几乎是黑人家庭的三倍。当收入差距乘上那些为国家生产做出贡献的黑人家庭数时，就会发现，仅由于对黑人的歧视一项，每年的实际财富损失就达四十亿美元，实是惊人。"〔参见罗珀（E.Roper）的《公司将付出的代价》（The Price Business Pays）一文，载于麦基弗（R.M.MacIver）主编的《歧视与国家福利》（*Discrimination and National Welfare*），纽约：哈珀-布鲁斯出版公司，1948年，第18页〕

罗珀的一个明确假设是，黑人和白人在无歧视情况下的收入是相同的，而这个假设是错误的，因为白人拥有的人均资本多于黑人，因此他们在无歧视情况下的收入要高于黑人。本章所举的例子则表明，消除所有的歧视后会使黑人的人均收入仅达到白人人均收入的66%。罗珀的这个错误的假设部分地解释了他为什么会假定黑人收入将增加200%，而这个增幅是我估算的增幅的10倍多。不过，罗珀的另一个明确的假设则是正确的，即白人的经济损失微乎其微。

第二章 有效歧视

人的歧视偏好才是最重要的、决定性的因素。

（2）南非非白人所受的歧视

南非的非白人占全国总人口的80%左右。也就是说，在南非，l_n约为l_w的4倍〔见本章第5节的不等式(1)〕。由于非白人在人数上为主体群体，因此针对他们的有效歧视未必出现；只有在白人的净收入总和至少为非白人净收入总和的4倍时才会出现针对非白人的有效歧视。[37] 初步统计的数据已经表明，白人的净收入总和为非白人的净收入总和的不止4倍。[38] 这样，仅私营经济部门的歧视偏好看来就足以导致针对非白人的有效歧视。南非政府也在积极调控非白人的经济活动。虽然竞争性的经济部门也许不是导致市场歧视的最主要原因；但也未必，因为仅经济部门的歧视就够大的了。

---

[37] 不等式(1)讲的是无歧视情况下白人和非白人的均衡收入，而正文的条件歧视情况下的实际净收入。但是，这两种陈述并不矛盾，因为该条件已经暗含了不等式(1)。如果是针对白人的有效歧视，则歧视情况下他们的相对净收入就少于无歧视情况下的相对净收入，因此，如果他们的实际净收入至少是非白人的实际净收入的4倍，则无歧视情况下的白人收入也是非白人的收入的至少4倍。不过，按照不等式(1)，这就意味着针对非白人而不是白人的有效歧视必定存在。因此，如果白人的净收入至少为非白人的4倍，就必定存在针对非白人的有效歧视。

[38] 参见霍顿(D.H.Houghton)和菲尔考克斯(D.Philcox)对土著收入的研究文章——《希斯凯土著保留地的家庭收支状况》(Family Income and Expenditure in a Ciskei Native Reserve)〔载于《南非经济学杂志》(South African Journal of Economic)第XVIII卷(1950年12月期)第413～438页〕以及联合国统计处1950年公布的《1949年七十国的国民收入与人均收入》(National and per Capita Incomes in Seventy Countries, 1949)报告中关于南非国民收入的数据。不过，上述收入数据都高估了南非白人和非白人的净收入，因为白人与非白人一起工作时的非货币成本并没有从生产总值的数据中扣除。因此，几乎可以肯定，白人的实际净收入不可能低于非白人净收入的4倍。

2.7 来自少数族裔的歧视

在我们的模型中,如果将 W 的资本和 N 的资本分开看,则 N 也可以对 W 施加歧视——只要其与 W 的资本相结合而获得货币收益必须大到足以抵消其施加歧视时的心理成本。我们当然可以建立一个既包含 W 也包含 N 所施加的歧视的一般分析方法,但在这里我们没有必要去详加论述,单强调这样一种重要关系就够了。W 的净收入仅取决于输出的资本数量,而歧视决定了 W 输出的资本数量,输出的资本数量又决定了 W 的收入。N 的净收入取决于输入的资本数量及 N 自身的歧视偏好。当输入的资本量一定时,如果不对自有的资本与输入的资本进行区分的话,则 N 的净收入达到最大值;N 越是偏好于自有资本,则其净收入就越少。因此,当 W 的净收入一定因而资本的输出量一定时,N 的净收入越少,则歧视的程度就越大。因此,在 W 和 N 都存在歧视的情况下,不等式(1)仅是对 N 的有效歧视总是存在的一个充分而非必要条件;任何充分且必要条件都取决于 N 所施加的歧视的相对程度。不妨回过头看看图 2-1。曲线 p_0np_1 表示 N 所施加的不同程度的歧视下的 N 和 W 的收入,该曲线在所有点上(除了 p_0 和 p_1)必定位于曲线 p_0wp_1 的下方。如果 W 和 N 都对对方施加歧视,则表示他们收入的点将落在 p_0np_1w 所围成的区域内;曲线 $p_0wn_{p_1}$ 概括了 W 所施加的歧视多于 N 所施加的歧视的所有情况。

少数族裔在受到歧视时,他们倾向于"以牙还牙",对其他群体施加歧视。这是错误的举动,因为少数族裔之所以受到了有效的经济歧视,原因并不在歧视偏好的分布状况,而在于资源分配。也就是说,和少数族裔相比,主体群体拥有的劳动和资本更为平衡。图 2-1 已经清楚地表明,虽然 W 所施加的歧视使 N 蒙受损失,但如果 N 施加歧视的话,则自身受到的损失会更大。

本章附录

设 W 国内的劳动和资本的净收益(货币收益)分别为 $\pi_l(W)$ 和 $\pi_c(W)$。当处于竞争的均衡状态时,这两种要素的收益等于各自的边际生产力,因此

$$\pi_c(W) = \frac{\partial f}{\partial c}(c = c_w - c_t; l = l_w) = \frac{\partial f}{\partial c}(c_w - c_t; l_w),$$

$$\pi_l(W) = \frac{\partial f}{\partial l}(c = c_w - c_t; l = l_w) = \frac{\partial f}{\partial l}(c_w - c_t; l_w),$$

其中 f 为社会 W 的生产函数;c_w 和 l_w 分别为 W 供给的劳动和资本的总数量;c_t 为 W 的资本输出量。根据脚注 21,均衡状态时 W 的净收入为

$$Y(W) = c_w \pi_c(W) + l_w \pi_l(W)$$

$$= c_w \frac{\partial f}{\partial c}(c_w - c_t; l_w) + l_w \frac{\partial f}{\partial c}(c_w - c_t; l_w)。$$

N 在 W 和 N 的资本之间分配劳动,目的是使这两种资本所带来的边际的物理产品相等。N 的均衡净收益为

$$Y(N) = c_n \pi_c(N) + l_n \pi_l(N)$$

$$= c_n \frac{\partial f'}{\partial c}(c_n + c_t; l_n) + l_n \frac{\partial f'}{\partial c}(c_n + c_t; l_n),$$

其中 f' 为社会 N 的生产函数；c_n 和 l_n 分别为由 N 供给的总劳动量和总资本量。歧视对 $Y(W)$ 和 $Y(N)$ 的影响可以通过引入歧视偏好的显式决定；不过，我们可用另一种方法来简化分析过程。当由 W 施加的歧视的程度加深时，W 的输出资本量就会减少，因此后者构成了 W 的歧视偏好的单调函数。

这表明，如果 f 和 f' 为一次齐次函数，则

$$\frac{\partial Y(W)}{\partial c_t} > 0, \tag{A1}$$

$$\frac{\partial Y(N)}{\partial c_t} > 0, \tag{A1'}$$

这样，W 施加歧视的结果是既降低了 N 的净收入，也降低了 W 的净收入。不等式 A1 的证明如下：如果某函数为一阶齐次的，则该函数的所有一阶偏导数都是零次齐次的；特别是，$\frac{\partial f}{\partial c}$ 是零次齐次的。由齐次函数的欧拉定理，有

$$c\frac{\partial(\frac{\partial f}{\partial c})}{\partial c} + l\frac{\partial(\frac{\partial f}{\partial c})}{\partial l} \equiv 0,$$

或

$$c\frac{\partial^2 f}{\partial c^2} + l\frac{\partial^2 f}{\partial l \partial c} \equiv 0。 \tag{A2}$$

根据函数之函数的导数的著名定理，

$$\frac{\partial f}{\partial c_t} \equiv \frac{\partial f}{\partial c}\frac{\partial c}{\partial c_t}。$$

由于 $c = c_w - c_t$，因此 $\frac{\partial c}{\partial c_t} = -1$ 且

$$\frac{\partial f}{\partial c_t} \equiv -\frac{\partial f}{\partial c}。 \tag{A3}$$

由(A3)式,有

$$\frac{\partial Y(W)}{\partial c_t} \equiv l\frac{\partial^2 f}{\partial l \partial c_t} - c_w\frac{\partial^2 f}{\partial c_t^2}, \tag{A4}$$

由(A2)式和(A3)式,有

$$c\frac{\partial^2 f}{\partial c_t^2} \equiv l\frac{\partial^2 f}{\partial l \partial c_t}。 \tag{A5}$$

将(A5)代入(A4),则有

$$\frac{\partial Y(W)}{\partial c_t} \equiv -c_t\frac{\partial^2 f}{\partial c_t^2}。 \tag{A6}$$

如果边际生产率递减,则 $\frac{\partial^2 f}{\partial c_t^2} < 0$。由于 $c_t \geqslant 0$,则必有

$$\frac{\partial Y(W)}{\partial c_t} \geqslant 0。 \qquad 证讫。$$

同理可证不等式(A1′)。

如果换个稍微不同的角度来看这个问题,就可能对此问题有更直观的理解。假设国外的劳工进入美国,而美国的一些资本(c_t)与这些外来的劳动相结合。著名的经济学原理表明,只要劳动的边际生产率递减,美国民众在经济上必定会从移民中受益,这是因为,处于边际值以内的外来移民提高了美国资本的生产率。美国民众的净收入是移民数量的增函数,这可以用用到这些外来劳工身上的资本 c_t 来衡量。研究表明,在探讨贸易和移民问题时,有必要将歧视视为一个问题加以考虑,这样做并非有意使问题复杂化,因为它们的确是密切相关的。

令

$$R = \frac{Y(N)}{Y(W)}。$$

则

$$\frac{\partial R}{\partial c_t} = \frac{Y(W)\frac{\partial Y(N)}{\partial c_t} - Y(N)\frac{\partial Y(W)}{\partial c_t}}{[Y(W)]^2},$$

或者,由(A6)式,

$$\frac{\partial R}{\partial c_t} = \frac{Y(W)(-c_t \frac{\partial^2 f'}{\partial c_t^2}) - Y(N)(-c_t \frac{\partial^2 f}{\partial c_t^2})}{[Y(W)]^2}。$$

因此

$$当 Y(N)\frac{\partial^2 f}{\partial c_t^2} \gtreqless Y(W)\frac{\partial^2 f'}{\partial c_t^2},\ 有 \frac{\partial R}{\partial c_t} \gtreqless 0。 \quad (A7)$$

如果 $f = f'$ 且不存在歧视,则输出的资本量正好使"国外"要素的相对供给与"国内"要素的相对供给达到均衡,亦即

$$\frac{c_n + \hat{c}_t}{l_n} = \frac{c_w - \hat{c}_t}{l_w},$$

或

$$l_n = b l_w,$$

及

$$c_n + \hat{c}_t = b(c_w - \hat{c}_t)。$$

由于 $\frac{\partial f}{\partial c_t}$ 对 c 和 l 是零次齐次的,因此 $\frac{\partial^2 f}{\partial c_t^2}$ 对 c 和 l 必定是 -1 次齐次的,

$$\frac{\partial^2 f}{\partial c_t^2}(ac,al) = \frac{1}{a}\frac{\partial^2 f}{\partial c_t^2}(c,l),$$

其中 a 为任意实数。如果 $c = c_w - \hat{c}_t$, $l = l_w$, 且 $a = b$, 则

$$\frac{\partial^2 f}{\partial c_t^2}(c_n + \hat{c}_t, l_n) = \frac{l_w}{l_n}\frac{\partial^2 f}{\partial c_t^2}(c_w - \hat{c}_t, l_w)。$$

代入(A7)式,由于有边际生产率递减的假设,于是有如下的简化条件:

$$\text{当}\frac{Y(N)}{Y(W)} \lesseqgtr \frac{l_w}{l_n} \text{ 或 } \frac{Y(W)}{Y(N)} \lesseqgtr \frac{l_n}{l_w} \text{ 时,有} \frac{\partial R}{\partial c_t / c_t = \hat{c}_t} \lesseqgtr 0。 \quad (A8)$$

在不存在歧视的情况下,如果 N 的相对收入就少于 W 的劳动的相对供给,则 W 的哪怕是轻微的歧视偏好都会使 N 的收入降幅大于 W 的收入降幅。

如果 $\dfrac{\partial R}{\partial c_t / c_t = \hat{c}_t} > 0$, 则对于 c_t 所有可能的取值, $\dfrac{\partial R}{\partial c_t}$ 可能大于 0。例如,如果

$$\frac{\partial R}{\partial c_t / c_t = \hat{c}_t} > 0 \text{ 且 } \frac{\partial^3 f}{\partial c_t^3} > 0,$$

则有

$$\frac{R}{c_t = \hat{c}_t - \varepsilon} < \frac{R}{c_t = \hat{c}_t},$$

其中 ε 是任意小的正数,且

$$\frac{\dfrac{\partial^2 f}{\partial c_t^2 / c_t = \hat{c}_t - \varepsilon}}{\dfrac{\partial^2 f'}{\partial c_t^2 / c_t = \hat{c}_t - \varepsilon}} < \frac{\dfrac{\partial^2 f}{\partial c_t^2 / c_t = \hat{c}_t}}{\dfrac{\partial^2 f'}{\partial c_t^2 / c_t = \hat{c}_t}} = 1。$$

据此,如果当 $c_t = \hat{c}_t$ 时,

$$R < \frac{\dfrac{\partial^2 f'}{\partial c_t^2}}{\dfrac{\partial^2 f}{\partial c_t^2}}$$

成立,则当 $c_t = \hat{c}_t - \varepsilon$ 时,该不等式就更加成立了。以此类推,对于所有的 c_t,该不等式必定成立。[39] 这一分析是本章及本附录以下内容涉及的一个假设的基础,即 W 施加的歧视程度的增加必定会降低 N 的相对于 W 的净收入,其充分必要条件是

$$\frac{1}{R} = \frac{Y(W)}{Y(N)/c_t = \hat{c}_t} > \frac{l_n}{l_w}。 \tag{A9}$$

如果 W(或 N)的成员的歧视偏好不同,则在分析中还要将一些新问题也考虑进来,这里先提示几个问题,其余的在以后几章里继续展开。W 国内资本的单位货币价格与输出的资本的单位货

---

[39] 尽管一次齐次的生产函数未必有正的三阶偏导数,但其中的很多重要的生产函数(如所有的齐次的科布-道格拉斯函数)却有正的三阶偏导数。一般说来,如果 f 为一次齐次函数,根据欧拉定理,有

$$l\frac{\partial f}{\partial l} + c\frac{\partial f}{\partial c} \equiv X。$$

对 c 进行两次微分后,有

$$\frac{\partial^3 f}{\partial c^3} + \frac{\partial^2 f}{\partial c^2} + \frac{l\partial^3 f}{\partial l \partial c^2} \equiv 0。$$

由于 $\frac{\partial^2 f}{\partial c^2} < 0$,则当 $\frac{l\partial^3 f}{\partial l \partial c^2} \leq 0$ 时,$\frac{\partial^3 f}{\partial c^3}$ 必定大于 0;当 $\frac{\partial^3 f}{\partial l \partial c^2} > 0$ 时,$\frac{\partial^3 f}{\partial c^3}$ 可能大于 0。这看上去与 $\frac{l\partial^3 f}{\partial l \partial c^2} \leq 0$ 矛盾。无论如何,$\frac{\partial^3 f}{\partial c^3} > 0$ 的假设是上述结论的充分而非必要条件;它仅在如下情形才能成为必要条件,即当 c_t 变小时,$\frac{Y(W)}{Y(N)}$ 的增速快于 $\dfrac{\dfrac{\partial^2 f}{\partial c_t^2}}{\dfrac{\partial^2 f'}{\partial c_t^2}}$ 的增速。

币收益并不相等：与 N 和 W 的劳动结合的资本在边际上当然会获得相同的"国外"和"国内"净收益；歧视偏好值较小的资本会看到与 N 结合的好处。所有与 W 的劳动相结合的资本的净收益是相同的，但那些歧视偏好值较小的资本在与 N 结合时会获得更多的净收益。这里所说的净收益会低估真实的净收益，因为这里有个假定，即所有资本的净收益等于边际资本的净收益。表示在 W 所施加的不同程度的歧视情况下 W 和 N 的净收入的曲线将在点 p_0 和 p_1 处与 p_0wp_1 相交（见图 2-1）并位于中线的右边。

显然，如果不等式（A9）成立，则针对 N 的有效歧视仍然是存在的；但即使仅 W 施加了歧视，该不等式是否仍然是必要条件？假设 W 所施加的歧视程度与平均歧视偏好程度成比例变化，且散布在平均值的周围。在点 p_0 周围的一小块领域内，平均值与离差均为同次小数。由此可推测，在这个邻域内，边际资本的净收益和边际内资本的净收益的差额是更高次的小数。如果是这样，则表示在 W 所施加的不同程度的歧视情况下 W 和 N 的净收入的曲线将与 p_0wp_1 相切于点 p_0，这时，不等式（A9）就构成了对 N 有效歧视存在的充分必要条件。

第三章　雇主歧视

上一章我们讨论了有关歧视的一般影响的问题,而其具体影响则从本章开始展开。在本章中,我们关注的问题是:雇主的歧视偏好是怎样和市场的力量结合从而产生劳动市场的歧视?本章涉及的变量包括:雇主的偏好、生产函数的形式、表示竞争程度(相对于垄断行业)的变量、所雇用的 N 的相对数量。我们假定,这里除了雇主歧视,不存在其他歧视。

3.1　只有一名雇主情形下的歧视

如果某甲对某乙施以歧视,则甲的行为就有失"客观性";在市场中,行为的"客观"与否,仅仅是出于对生产率的考虑。如果某个员工生产的边际价值大于边际成本而雇主又拒绝雇用他,这就是雇主歧视;但如果某个员工生产的边际价值产品小于边际成本而雇主拒绝雇用他,这时雇主的行为就不是歧视。类似的情形在雇员和消费者身上也是存在的。雇主可以表示出他的个人偏好或偏袒,这些偏好可通过歧视系数(DC)来量化。设货币工资率为 π,如果雇主觉得好像支付了 $\pi(1+d)$ 的净工资率,则 d 就是用以测量歧视偏好强度的 DC。由于 d 的取值可连续变化,因此歧视的意愿强度也是连续变化的。对雇主来说,所损失的利润就是成本,

第三章 雇主歧视

从而使雇主不敢轻易施加歧视,而损失的利润值也是连续变化的。

每一个雇主都会将自己的偏好的程度与成本大小进行比较,以此决定如何使净收益最大化。比如,设有 W 和 N 两个群体,他们在生产上可完全相互替代,有一名雇主对 N 施加歧视,其 DC 值为 d。如果 W 的市场工资率 π_w 小于 $\pi_n(1+d)$,则只雇用 W,因为歧视偏好的强度要大于成本;如果 π_w 大于 $\pi_n(1+d)$,则只雇用 N,因为歧视偏好强度要小于成本;如果 π_w 等于 $\pi_n(1+d)$,则 W 和 N 均可雇用,因为这时歧视偏好的强度等于成本。[40]

更为正式的说法是,在任一产出水平上,雇主总是想使要素实

---

[40] 默顿(P.K.Merton)认为,歧视并非一个"要么全有要么全无"的决定,他在分析中还试图用公式来表示"偏见"的数量及其数量差异。他用的是四层分类法:"无偏见的非歧视者"、"无偏见的歧视者"、"有偏见的非歧视者"和"有偏见的歧视者"。参见他的《歧视与美国的信念》(Discrimination and the American Creed)一文,载于麦基弗主编的《歧视与国家福利》,纽约:哈珀-布鲁斯出版公司,1947 年。

按照默顿的分类法,无偏见的歧视者是那种即使不带偏见但仍有可能发生"偏见"的人。此类人包括这样的雇主,即"他本人并不是一个反犹分子或患有黑人恐惧症,但当雇用犹太人或黑人可能会影响他的生意时,他也会拒绝雇用这两类人"(前揭书第 125 页)。有偏见的非歧视者会发现,如果施加歧视,则会无利可图。有偏见的歧视者的偏见极为强烈,以至于他总是施加歧视。最后,无偏见的非歧视者的偏见可能"微乎其微",甚至在明知雇用犹太人或黑人可能会使他的业务受损也会雇用他们。

这种分类不见得有用,而且,如果推到逻辑的极端情况时,还会得出极为荒谬的结论。按照默顿的说法,无偏见的歧视者实际上并不施加"歧视",因为他仅从经济生产率来看待黑人、犹太人等。有偏见的非歧视者仅仅是有一点点的歧视偏好,而且经常会认为歧视的成本大于其心理上的收益;反之,有偏见的歧视者的歧视偏好比较强烈,几乎不认为歧视的成本大于其心理上的收益。而无偏见的非歧视者或所谓的"全天候的公正者"也并不总是非歧视者,因为,当认识到雇用犹太人或黑人会使他的生意受损而仍雇用犹太人或黑人,这实际上就意味着他对非犹太人和白人施加了歧视或者说偏袒犹太人和黑人;也就是说,他并不是客观地看待犹太人或黑人的经济生产率。默顿很可能是想要描述偏见的连续变化,但他对歧视者所做的四分法反而是治丝愈棼。

现最优组合。经典的经济学理论总是假定雇主会选择可实现货币成本最小化的组合;在这个成本最小值的点上,任意两种要素的边际产品之比等于其价格之比(当然,前提是竞争的劳动市场)。按照这个理论的说法,某种要素的货币收益等于雇用该要素所付出的净成本,因而每单位产出的最小货币成本等于最小净成本。歧视并没有改变最小净成本的标准,任意两种要素的边际产品之比仍然等于它们的净价格之比。[41]

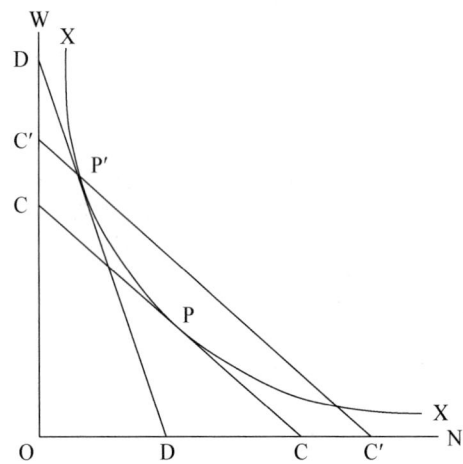

图 3-1 厂商施加的歧视对其成本和就业的影响

不过,在存在歧视的情形下的均衡状态的要素组合与上述经典

---

41 即

$$\frac{MP_i}{MP_j} = \frac{\pi_i(1+d_i)}{\pi_j(1+d_j)} \quad (i,j=a,b,\ldots,n),$$

其中 MP_i 为第 i 种要素的边际产品,d_i 为对第 i 种要素的歧视系数。

假设情形下的均衡状态大不相同：在存在歧视的情形下，被歧视要素的需求量会减少，单位产出的货币成本要大于最小货币成本值。图 3-1 反映了这点。在图 3-1 中，CC 表示无歧视情形下，生产了 X 单位的产出（曲线 XX 为等产出线）时的相关价格线，点 P 的横坐标和纵坐标分别为所雇用的 N 和 W 的数量，OC 表示生产 X 的最小货币成本值。如果存在针对 N 的歧视，则直线 DD 会成为相关净价格线，这时，生产 X 单位产出所需雇用的 N 和 W 的数量就分别为点 P' 的横坐标和纵坐标值。歧视使得对 N 的需求有所降低，而对 W 的需求则有所增加。而且，由于生产 X 的货币成本 OC' 大于 OC，因此，歧视也使得生产的货币成本有所增加。等产出线在点 P 曲率较小，而在位于点 P 左侧的点 P' 处的曲率就大一些。例如，如果等产出线的曲率为 0（即直线），则 P' 将位于纵轴上，这时群体 N 的成员一个也没有被雇用。因此，一定程度的歧视必然导致对 N 的需求的较大幅度的下降而对 N 的替代者的需求将增加，因为 XX 的曲率正表示 N 与其他要素之间的替代程度。

在整个"雇主阶级"内部，各个雇主的歧视偏好可能存在差异，这些差异可用他们的 DC 的频次分布来表示。本章下面的内容就是解释 DC 的分布是如何与其他变量结合从而决定市场歧视的。我们自始至终都假定劳动市场是竞争的；但在产品市场，我们将分别讨论竞争和垄断的情形。

3.2 竞争性行业

假定只有一个行业，N 和 W 的供给固定不变，且 N 的供给量为 W 的 1/3。我们假定，一单位的 N 在生产中可完全替代一单位的 W,其实这并不算是一个限制条件,因为在不完全替代情形的分析思路与完全替代情形下的分析思路是很相似的。如果每个厂商在均衡状态下雇用相同数量的 N 和 W,则均衡的 MDC 就等于 DC 分布中的第一四分位数的 DC。[42] 这点比较容易证明。第一章里曾提到,市场中的 MDC 等于 W 与 N 的工资率的百分比差异,即 $MDC = \frac{\pi_w - \pi_n}{\pi_n}$。若 $MDC = \bar{d}$,则 $\pi_n(1+\bar{d}) = \pi_w$。DC 为 d($d < \bar{d}$)的雇主会只雇用雇员 N,因为 $\pi_n(1+\bar{d}) < \pi_w$;同理,那些 DC 大于 $\bar{d}$ 的雇主会只雇用 W。当且仅当有 1/4 的厂商雇用 N 亦即 $\bar{d}$ 等于第一四分位数的 DC 时,N 的受雇数才为 W 的 1/3。

就我们的目标而言,平均歧视系数及离差的非参数测量是最有用的。中位数是测量平均值的最方便的量度,四分位区间距可能是测量离差的最方便的量度。就上述情形而言,如果 DC 的中位数增加或第一四分位数的 DC 增大,则均衡状态下的 MDC 值就会变大。由于第一四分位数的 DC 的相对值取决于离差,因此平均值的增加或离差的减少都会使均衡状态下的 MDC 增大。当所有的歧视偏好相同时,MDC 与中位数相等;当歧视偏好不同时,二者不相等。因此,要想知道 MDC 的值,就得知道平均的歧视偏好或者说那个"最典型"的雇主的歧视偏好,这是其必要条件,但并非充分条件,因为雇主之间的歧视偏好差异也会影响到市场歧视。

如果 N 的供给等于 W 的供给且所有厂商继续雇用相同数量

---

[42] 针对 W 的歧视可看作是针对 N 的歧视的相反数。

的 N 和 W，则均衡的 MDC 会增至 DC 的中位数。只要歧视偏好不是相同的，MDC 的值必定会随 N 的相对供应量的增加而增大；如果歧视偏好是相同的，则 MDC 的值就与 N 的相对供应量无关。如果雇主都不想要施加歧视，则歧视偏好就是相同的，这时的 MDC 值为 0。

每个厂商雇用的 N 和 W 不会总是相同。如果所有厂商的生产函数均为线性齐次且相同，则那些施加歧视的厂商的单位净成本要大于那些没有施加歧视的厂商。对于任一厂商，其 DC 的绝对值越小，则其单位净成本就越少。DC 值最小的那个厂商会生产出全部的产量，因为与其他厂商相比，他可以以更低的价格出售商品；这样，均衡状态下的 MDC 就等于该厂商的 DC。N 的相对供应量的变化并不会影响到均衡状态下的 MDC；同样，该厂商仍会少雇用 W 而多雇用 N。

如果厂商的生产函数并不是齐次的，则单位成本会随着产出的增多而增加，那个 DC 值最小的厂商将不会生产出所有的产品。如果所有厂商所雇用的 N 和 W 的数量相等，则 MDC 将等于第一四分位数的 DC，N 的边际价值生产率将与 W 的相等。不过，由于 N 的工资率低于 W，与那些雇用 W 的厂商相比，雇用 N 的厂商的规模将扩大，这样一来，N 的相对于 W 的工资率就会提高。因此，均衡状态下的 MDC 将小于第一四分位数的 DC。

一般说来，那些 DC 值小于 MDC 的厂商会比其他厂商获利更多，并扩大生产规模。厂商扩大生产规模的容易与否取决于单位产出与成本的关系；如果单位成本与产出无关，扩大生产规模就较为容易；如果成本随产量的增加而迅速增加，则扩大生产规模就很困难。那些 DC 值较小的厂商会比其他厂商扩大生产规模的幅度要大些;与其他厂商相比,那些扩大生产规模幅度较小的厂商会增加成本支出。因此,厂商所面临的生产条件必定是 MDC 的一个重要的决定性因素。[43]

可见,无论是平均歧视偏好,还是围绕平均值的离差,它们都是市场歧视的重要决定因素。甚至 W 与 N 工资率之间的细微差异都足以引致那些 DC 值较小的雇主首先考虑雇用 N。均衡状态下的 MDC 与所有雇主的 DC 均为平均值时的 MDC 必定不同。N 的相对供应的增加可能会导致针对 N 的 MDC 值的增大,这也与雇主歧视偏好的差异有关。[44] 如果厂商的单位成本随生产规模的扩大而增加,则那些一直雇用 N 的厂商不一定会因此雇用所有剩下的 N,因为部分 N 很可能被那些一直雇用 W 的厂商所雇用。这些厂商的 DC 值很大,只有在 N 的工资率相对于 W 的工资率而言是下降的亦即 MDC 增大时,才会雇用 N。[45]

但上述分析思路并不意味着 MDC 总是大于零。比如,如果每个厂商的生产函数都是线性齐次的,则如果至少有一个厂商的 DC 为零,MDC 将等于零。传统的理论通常"假定":所有厂商都

---

[43] 基于歧视的理论与基于厚爱的理论的不同之处仅在于其对生产条件的影响上。例如,如果每个厂商的生产函数都是线性齐次且相同,则那个歧视偏好值最小的厂商将生产出全部的产出;另一方面,如果所有厂商都有厚爱的偏好,则那个厚爱偏好值最大的那个厂商将生产出全部的产量。厚爱偏好意味着厂商将从雇用 W 中获得非货币收益,因而那个厚爱偏好值最大的厂商的净成本将最小。

[44] 详见本章附录的第 3.1A 节对此问题的数学分析。

[45] 如果所有雇主的歧视偏好相同且仅为 N 的数量的函数,则 N 的相对供给量的变化都会引起 MDC 的变化。二者的关系将在后面的章节中继续深入探讨。

会努力使货币收益最大化。对于这个假设,一直都有人批判,他们认为有些厂商可能想得到的是权力、舒适的生活等非货币收益。DC 的引入可使传统的理论更为一般化,不再需要假定所有厂商都想使货币收入最大化。不过,在某些条件下,均衡状态下的 MDC 也会为零,其结果就是,那些在竞争中幸存下来的厂商的货币收益将达到最大值。当出现这种情况时,传统的理论显然与这个更一般的理论是一样的。

3.3 垄断行业

本节讨论的问题不再是假定生产中可自由进入和自由竞争的情形,而是假定从雇主阶级中随机选取一位雇主并授予其生产全部产品的"特许权",并假定每个厂商的生产函数都是一阶齐次的。如果那个被授予"特许权"的雇主的 DC 值较大,则与其他潜在的生产者相比,他的净成本将更大,净收益更小。如果特许权可以转让,则考虑到自身利益,该雇主会将这项特许权售出,因为售出之后的净收益将多于保留这项特许权时的净收益。出价最高的将是 DC 值最小的雇主,特许权将被 DC 值最小的雇主中的一个被买走;其结果就与可自由进入该行业的情形是一样的。这种分析方法可推广至各种生产率和市场条件的情形,其结论通常是:"可转让的垄断"下的市场歧视与竞争条件下的市场歧视是相同的。在可转让的垄断行业,其资本市场的竞争可减少歧视;在竞争性的行业里,产品市场的竞争也降低了歧视。[46]

所谓"可转让的垄断",是指那些由于专利权、其他可出售的政府特许权、该行业历史上由于某个历史性的"意外"而形成的第一个等。这些行业里的市场歧视其实与竞争性行业里的市场歧视是一样的。

如果"特许权"不可转让,则将该特许权授予某个人的随机性假设将保证该雇主的DC均值等于整个雇主阶级的DC均值。基于个人能力的垄断(如汽车大亨亨利·福特和歌手宾·克罗斯比)、不可转让的政府特许权、"多钱善贾"的优势等,都属于不可转让的。作为首近似值,如果假定这些与垄断行业有关联的个人的DC是从雇主的DC分布状况随机选中的,则这种假定不无道理。[47] 这就意味着这些垄断的DC均值等于整个雇主阶级的DC均值。[48]

我们现在假设:在一个正常的市场中,垄断性行业和竞争性行

---

[46] 此种分析思路适用于其他问题。例如,我们没有理由认为,那些利用专利权自利的厂商的效率就一定低于或落后于竞争环境下的厂商。在这里,资本市场的竞争相当于产品市场的竞争。关于这个问题,我同阿伦·迪雷克托(Aaron Director)和格雷格·刘易斯(H.Gregg Lewis)进行过讨论,在此谨致谢忱。

[47] 该假定的表述是:M 和 d 是独立分布的,因此有 $r(M,d)=0$,其中 M 表示雇主的垄断力,即雇主随意支配的程度;d 表示该雇主的DC值,r 表示 M 与 d 之间的相关系数。在笔者的分析中,r 未必为0,只是这个值"很小",想必读者很可能会更认同这点。

[48] 在(不可转让的)双寡头垄断的行业中,我们不妨随机挑选雇主阶级的两名成员。这会使得那些DC值较小的雇主的影响增大,并使得市场歧视小于"完全"垄断的行业时的市场歧视。随着潜在的生产者数量的增加,这些行业里歧视值将达到与竞争性行业相同的程度。

业均购买 N 和 W 的劳动,且在这个市场中,W 的劳动供给多于 N。则在竞争性的行业里,那些 DC 值较小的雇主将决定歧视的程度。而对(不可转让的)垄断性行业而言,那些 DC 值为中位数的雇主将决定歧视的平均值。平均而言,竞争性行业的歧视程度要比垄断性行业小些,于是,竞争性行业所雇用的 N 的数量也要多于垄断性行业。

3.4 实证应用

这种分析思路解释了 1940 年美国南方的竞争性制造业和垄断性制造业的企业行为。表 3-1 给出了人口普查中的 8 类职业中竞争性行业和垄断性行业中男性非白人雇员的相对数。[49] 这里的"相对数"指的是非白人数量与白人数量的比值。表中第 4 列的数据表明,在所有的 8 类职业中,有 7 类职业的竞争性行业的非白人相对数要大于垄断性行业;只有 1 类职业即"其他服务业工人"中的竞争性行业的非白人的相对数小于垄断性行业。[50]

---

49 这里所说的垄断性行业和竞争性行业的分类参考了沃伦·纳特(G. Warren Nutter)《美国的企业垄断程度分析:1899～1939 年》(*The Extent of Enterprise Monopoly in the United States, 1899～1939*)(芝加哥:芝加哥大学出版社,1951 年),第 1～169 页(参见本章附录第 2 节对这种分类的讨论)。

50 由于企业主"雇用"企业主在绝大多数情况下没有意义,因此"管理人员和企业主"一类中不包括"受雇的企业主"。只有在非白人企业主的数量至少为非白人管理人员数量的 4 倍时,才会有更多的非白人的管理人员会受雇于垄断行业。1950 年,非白人企业主的数量约为非白人的管理人员数量的两倍(参见《美国人口普查:1950 年》,政府印刷品办公室,1953 年,第 II 部分,第 276 页)。

表 3-1 1940年美国南方制造业中非白人男性雇员的相对数量
（依职业与垄断/竞争进行分类）

职业类别 (1)	竞争性行业中的 相对数量 *(2)	垄断性行业中的 相对数量 *(3)	第(2)列除以第 (3)列的比值(4)
专门技术和半专门技术人员	0.009	0.002	0.23
管理人员及企业主	0.008	0.001	0.13
职员及销售业工人	0.024	0.009	0.40
技术人员	0.065	0.019	0.28
操作人员	0.136	0.122	0.89
保安服务人员	0.096	0.033	0.35
其他服务人员	1.020	1.894	1.86
体力工	1.046	0.579	0.55
未填职业者	0.242	0.079	0.32

资料来源：美国普查署：《人口普查：1940年》（华盛顿特区：政府印刷品办公室，1943年），第Ⅲ卷第Ⅰ部分，表82（参见本章附录第二部分对此的分类讨论）。

* 注："相对数量"是指厂商所雇用的非白人的数量除以所雇白人数量的比值。

无论是表中小于1的数值[51]还是这些数值的复杂差异，都与本章的理论一致。根据这种理论，随着非白人的相对供给的增加，竞争性行业里的歧视程度将增加；垄断性行业的平均歧视值总

---

[51] 不妨做这样一个虚假设：第4列的头8个数字是从无穷大的总体（其中一半的数字大于或等于1）中随机抽取的。在此假设的条件下，这些数字中至少有7个数字小于1的概率为0.035，则在0.05的显著性水平下，这种可能性将被拒绝。

是由中位数的 DC 决定的,因此该平均歧视值与非白人的相对供给无关。如果非白人的数量多于白人数量,则竞争性行业里的歧视要大于垄断性行业里的歧视。当某个职业领域里的非白人的相对数增加时,受雇于垄断性行业的比例也应随之增大。在其他服务人员、体力工、操作人员中,非白人的数量都很大,因此在表格第 4 列中,这些职业的数值都是最大的;在专门技术人员、管理人员和企业主的职业类别中,非白人的数量是最少的,因而在表格第 4 列中,这两类职业的数值是最小的。[52] 更令人印象深刻的证据是,垄断性行业里所雇用的较多的非白人的那个唯一的职业类别,同时也是非白人的供给量多于白人供给量的那个唯一的职业类别。

由于这里的数据反映的是某个特定地区的制造业的情况,因此,假设垄断行业和竞争性行业都在同一市场购买劳动,或许不会太不切实际。人口普查中的职业类别提供了极为有用的要素划分。

即使我们接受这些假设,我们也可以用其他的理论来预测数据的规律性。垄断行业里的雇员歧视或消费者歧视值可能更大,比如,垄断行业里的工会的力量可能会更大(详见本书第四章)。垄断行业的公司规模可能更大,因而歧视程度也将更大(详见本书第六章)。由于垄断行业的雇主更易受到公众的关注,因此他们在施以歧视时,面临的社会压力也更大。指出下面这点很重要:这些

---

[52] 第 4 列数字的排序与制造业中的男性非白人雇员的比例的排序,两者之间的排序相关系数为 0.90。这在 0.01 的水平下显著不为 0。

假设及类似的假设并不能解释为什么垄断行业中的某个职业类别的非白人的相对数量与歧视的相对值存在着高度相关的关系。倒是其他理论可以解释这种相关性。雇主的歧视偏好很大程度上取决于其与雇员的"接触"程度,比如说,该雇主可能只是对那些他很少接触到的雇员施加轻度的歧视,而他接触最多的雇员通常是专门技术人员、管理人员、销售人员、领班及工匠。按照这个"接触"理论,该雇主对上述这些接触较多的员工歧视最厉害。这就意味着该雇主对操作人员、服务人员和体力工的 DC 中位数将最小。这种分析暗示,第 4 列的数值愈接近于 1,DC 中位数就愈小,因而"接触理论"可以解释第 4 列何以会出现某种规律性。不过,需要注意的是,对于为何垄断行业所雇用的其他服务人员中的非白人的数量更多这个问题,该理论并不能对此做出解释。因此,还需要有其他的分析理路——强调非白人的相对供给的变化的影响的分析思路——进行补充。

本章附录

3.1A 数理分析

设 N 和 W 是两种可完全相互替代的要素,其对行业的供给量分别为固定值 S_n^0 和 S_w^0,且任一潜在厂商的生产函数与该行业的生产函数相同。此生产函数可写成

$$X = F(S),$$

其中 $S = S_n + S_w$,X 为该行业的产出。

第三章 雇主歧视

本章的讨论表明,在完全竞争均衡下,

$$P_x \frac{dF(S^0)}{dS^0} = \pi_w = \pi_n(1+d_{\min}^n), \quad (A1)$$

其中 $d_{\min}^n$ 为雇主阶级里最小的 DC,P_x 为 X 的单位价格,π_w 和 π_n 分别为 W 和 N 的工资率。由于等式(A1)仅受 S^0、P_x、F 和 $d_{\min}^n$ 的影响,故 W 和 N 的相对供给的变化并不能影响到 π_w 和 π_n。

今假设某些要素只向某个厂商而非整个行业供给,则对于 $DC = d_i < \frac{\pi_w - \pi_n}{\pi_n} = MDC$ 的第 i 个雇主来说,均衡条件要求

$$P_x F_n^i = \pi_n(1+d_j)$$

且

$$P_x F_w^i < \pi_w,$$

其中 F_w^i 和 F_n^i 分别为第 i 个雇主的公司里的 W 和 N 的边际产量。对于 $DC = d_j > MDC$ 的第 j 个雇主来说,均衡条件要求

$$P_x F_w^j = \pi_w$$

且

$$P_x F_n^j < \pi_n(1+d_j)。$$

若 π_n 下降,π_w 和 P_x 保持不变,则对 N 的需求将增加,原因有二:一是,使用 N 的厂商要扩大生产;二是,某些厂商不再使用 W,而是转而使用 N。第二个原因也暗示着对 W 的需求的下降,尽管继续雇用 W 的厂商的需求未变。显然,π_n 的下降使得对 N 的需求的增加量大于其所导致的对 W 的需求的减少量。令

$$S_n = D^1(\pi_n, \pi_w, P_x)$$

和

$$S_w = D^2(\pi_n, \pi_w, P_x)$$

分别表示 N 和 W 的市场需求。由前面的讨论可知：

$$\frac{\partial D^1}{\partial \pi_n} = D_n^1 < 0, \quad \frac{\partial D^1}{\partial \pi_w} = D_w^1 > 0,$$

$$\frac{\partial D^2}{\partial \pi_n} = D_n^2 > 0, \quad \frac{\partial D^2}{\partial \pi_w} = D_w^2 < 0, \quad (A2)$$

$$|D_n^1| > D_n^2, \quad |D_w^2| > D_w^1,$$
$$|D_n^1| > D_w^1, \quad |D_w^2| > D_n^2。$$

如果 N 和 W 的供给发生变化，在 $dS_n + dS_w = 0$ 的限制条件下，有（假设 $dP_x \cong 0$）

$$d\pi_n = \frac{dS_n(D_w^2 + D_w^1)}{\begin{vmatrix} D_n^1 & D_w^1 \\ D_n^2 & D_w^2 \end{vmatrix}} = \frac{dS_n(D_w^2 + D_w^1)}{\Delta}$$

和

$$d\pi_w = \frac{-dS_n(D_n^2 + D_n^1)}{\Delta}。$$

由公式(A2)，$\Delta > 0$，则 $D_w^2 + D_w^1 < 0$，且 $D_n^1 + D_n^2 < 0$。若 $dS_n > 0$，则 $d\pi_n < 0, d\pi_w > 0$ 且 $d\frac{\pi_w - \pi_n}{\pi_n} = d(MDC) > 0$。也就是说，N 的相对供给的增加导致了 N 的工资率的下降以及 W 的工资率的增加，且使得针对 N 的市场歧视值增大。

3.2A 垄断行业和竞争性行业的分类讨论

本章表 3-1 对垄断/竞争产品的划分参考了沃伦·纳特的研

第三章 雇主歧视

究中的表17~23。[53] 纳特用以界定垄断的最重要标准是，一行业中前四大厂商总产值的比例。[54] 显然，纳特的标准有很多缺陷，但在对垄断程度进行实证研究时，纳特的标准仍不失为好的方法。

纳特的垄断产品名单不包括那些仅由区域集聚而形成的垄断，[55]因为这种垄断是可以转移的，且从我们的研究目的看，它们应归于竞争性行业。

关于美国南方不同制造业中的不同职业所雇用的白人数和非白人员工数，可参见1940年的《美国人口普查》。[56] 而《制造业普查》则可提供各个州每种产品领域的员工就业总数。[57] 我们可以计算出1939年各个行业里生产垄断产品所雇用的男性员工比例。[58] 由这个比例可估算出表3-2中提到的1940年的美国南方各个制造业中的垄断程度。

53　见注10所引文献。

54　继威尔科克斯之后，纳特也用到了其他较为次要的标准，包括定价的灵活程度、利润率等。关于威尔科克斯的分析，参见氏著《美国行业的竞争与垄断》(Competition and Monopoly in American Industry)，"国民经济临时委员会（TNEC）专刊"第21部，华盛顿特区：政府印刷品办公室，1940年。

55　此类产品包括制砖、建筑石材、刨削粉、混凝土产品、面包和烘焙产品、冰激凌等。

56　美国普查署：《人口普查：1940年》（华盛顿特区：政府印刷品办公室，1943年），第Ⅲ卷。

57　美国普查署：《制造业普查：1939年》（华盛顿特区：政府印刷品办公室，1942年），第Ⅱ卷。

58　尽管通常情况下每个州的就业总数是既定的，但对每个受普查的产品行业来说，都会有一个余项——"其他州"这个类别。读者会发现，这里并没有列出每个州的企业数及这些州的就业人口总数。要获得这些州的每个州的就业人数，我们假定每个企业所雇用的人数是相同的。

表 3-2　1939 年美国南方的垄断性行业及其他制造业从业人数

行业领域	受雇于垄断性企业的人数（单位:千人）	整个行业的从业人数（单位:千人）	受雇于垄断性生产者的人数比例
人造丝及相关产品	全部	——	1.00
炼油业	全部	——	1.00
航空器及零部件	全部	——	1.00
汽车及汽配	10.5	10.7	0.99
铁路等各种运输业	6.2	6.9	0.91
肉制品	23.9	30.8	0.78
玻璃及玻璃制品	15.0	20.3	0.74
烟草制品	30.8	45.1	0.68
非铁金属制品	10.4	16.9	0.62
电气设备	8.7	15.0	0.58
其他钢铁制品	24.9	68.3	0.36
其他石制品及泥制品	——	40.8	0.31
矿石冶炼	13.9	48.9	0.28
其他化学产品及相关产品	18.4	85.8	0.21
各种木制品	9.0	43.2	0.21
其他制造业	3.5	17.5	0.20
橡胶产品	2.6	13.3	0.19
各种石油制品及煤制品	0.8	5.7	0.15
家具及商店货架	8.2	56.8	0.15
其他食品	13.9	121.7	0.11
机械（不包括电器类）	4.5	44.4	0.10
烘焙制品	4.7	50.3	0.09

(续表)

饮料	3.0	34.4	0.09
其他纺织厂制品	2.0	31.6	0.07
棉制品	17.8	325.4	0.05
纸张及相关产品	0.8	43.9	0.02
服装	0	——	0.00*
鞋袜(不包括橡胶类)	0	——	0.00
其他皮革制品	0	——	0.00
印刷出版业	0	——	0.00
丝制品及人造丝产品	0	——	0.00
毛织品及精纺织物	0	——	0.00
编织物	0	——	0.00
各种纤维及纺织品	0	——	0.00
伐木	0	——	0.00
锯木及刨木	0	——	0.00
建筑用泥土产品	0	——	0.00
造船业	0	——	0.00

资料来源:沃伦·纳特:《美国的企业垄断程度:1899～1939年》(芝加哥大学出版社,1951年);美国普查署:《制造业普查:1939年》。

* 注:实际上是不到0.01。

如果有50%(含)以上的工人受雇于垄断性企业,则该行业可归为垄断行业。因此在表3-2中,前十个行业就属于垄断性行业,其余为竞争性行业。而表3-1中,各个数值项均是从这种垄断与否的划分方法以及各个行业和职业类别中的白人和非白人人数分布状况的数据而来。

第四章 雇员歧视

在上一章里,我探讨了雇主歧视的各方面问题,现在我们探讨一下雇员歧视的问题。[59] 当然我们这里要假设雇主和消费者不施加歧视(即只有雇员施加歧视)。从前面几章的分析看,雇员所施加的市场歧视取决于雇员的平均歧视偏好及围绕此平均值的离差、N 的相对供给、两种要素的相互替代程度以及劳动市场的工团主义程度。

4.1 只有一名雇员情形下的雇员歧视

和雇主一样,雇员的歧视偏好也可能各不相同,其歧视偏好的值也可用歧视系数(DC)来表示。通过 DC,与 N 一起工作的雇员的单位货币工资率 π_{in} 就变成了 $\pi_{in}(1-d)$ 的单位净货币工资率,其中 d 表示该雇员的歧视偏好值。雇员是否中止歧视或者说能否从非歧视中获得收益,取决于其与 N 一起工作和与 W 一起工作时的工资率的比较,即取决于歧视的单位成本 c。c 可用下式表示:

---

[59] 这里所说的"雇员"指的是出卖自己的劳动或服务并依照合同规定根据工作时间或产出获得收入的个人。

$$c = \frac{\pi_{in} - \pi_{iw}}{\pi_{in}}。$$

如果 $c>d$,则该雇员可选择与 N 一起工作;如果 $c<d$,则选择与 W 一起工作;如果 $c=d$,则选择与 W 还是选择与 N 一起工作都是一样的。如果 π_{in} 相对于 π_{iw} 是增加的(或者 d 是下降的),则该雇员与 N 一起工作的意愿也会增加。

4.2 完全替代情形下的雇员歧视

假设在一个竞争的劳动市场中,需要使用若干种生产要素,且其中的几种要素有对 N 施加歧视的偏好。[60] 这些要素对工资率和就业状况的影响部分取决于其在生产中与其他要素的替代程度。就替代程度而言,各种可能性都有:既有可完全替代 N 的要素,也有生产中与 N 完全互补的要素,当然也有介于这两种极端情形之间的要素。

我们先看 W 施加歧视的情形。这里我们假设 W 与 N 可完全相互替代。如果 W 是和 N 而不是其他 W 进行生产上的合作的话,则每个雇主必须付给 W 更高的工资率。雇主如果要收入最大化,则他从不会同时雇用这两类劳动力,因为如果那样的话,他支付给其中的 W 的工资率要高于只雇用 W 时的情形。如果 W 的工资率低于 N,他将会只雇用 W;反之,如果 N 的工资率低于 W,他会只雇用 N。当且仅当 W 和 N 的工资率相等时,他才会一

---

[60] 本章中,大部分情形下,N 所代表的,不是雇员群体,就是雇主群体。不过,为节省篇幅,我们都是把 N 当作雇员群体。

视同仁地雇用这两类劳动力。当且仅当每个雇主对 N 和 W 一视同仁时,各厂商才会既雇用 W 也雇用 N。因此,如果可完全替代 N 的那种要素有对 N 施加歧视的偏好的话,就会出现市场隔离而不是市场歧视:厂商要么雇用 N,要么雇用 W;也就是说,N 和 W 不可能同时受雇于同一厂商。

4.3 市场隔离

假设某个地方所雇用的体力工及工头里既有黑人也有白人。如果出现黑人(或白人)体力工及工头同时受雇于厂商的程度大大超过其随机分布的情形,就可以说出现了市场隔离。一般说来,如果不同要素(比如体力工和工头)的成员由于某个标准(比如肤色或宗教信仰)而被归为一个群体,那么,如果该群体的成员同时受雇于厂商的程度大大超过每种要素内所有成员的随机分布的情形,我们就可以说存在该群体的市场隔离。

关于市场隔离的定义,有必要对该定义的某些方面加以说明。首先,需要注意的是,该定义具有对称性:某个群体的市场隔离也就意味着由其他人所组成的群体的市场隔离。其次,隔离总是就某个特定地区而言的,甲地出现的隔离未必会出现在那些有一定程度的接纳性的地区。例如,在美国南方,有相当多的黑人是同黑人在同一个地方居住、工作,美国的黑人之间在同一个地方居住、工作的情形大于随机分布的情形,白人之间的情形亦如此,因而,就美国南方整体而言,存在着黑人的市场隔离(以及白人的市场隔离)。不过,要判断美国北方或东部是否也存在市场隔离,就要看这些地区的黑人的人口比例,还要将这些地区受雇的黑人和白人

第四章 雇员歧视

的分布情形与二者的随机分布情形进行比较才能得出结论。再次,市场隔离只是就每种要素的分布的数量情形而言的,每种要素内部的构成情形被认为是既定的。例如,如果黑人人口中体力工的数量比例大于工头的比例,这并不意味着市场隔离,尽管从更广阔的视角看,某些类型的歧视和市场隔离可能要归因于黑人的体力工多于工头这个事实。

由于没能认识到市场隔离和市场歧视是两个概念,针对的是不同的现象,因此,不少研究者在这个问题上出现了严重的错误。[61] 市场歧视是针对不同的群体的收入而言的,至于不同群体的受雇情形则不予考虑;市场隔离是就不同群体的受雇情形而言,而不涉及收入问题。在不存在市场歧视的情形下,也仍会出现市场隔离,正如对完全替代情形下的歧视问题的讨论所展示的那样;在不存在市场隔离的情形下,也仍会出现市场歧视,关于这一点,后面的讨论马上会展示。当然,正如第二章所示,很多时候二者往往同时出现。

第二章还揭示(后面几章还将强调指出这个问题):在美国,针对不同群体的严重的市场歧视是存在的。虽然反映市场隔离值的数据并不容易找到,不过,只要对美国社会情势做一大致观察,就足以说明市场隔离的程度是很大的:黑人工头与黑人工头一起工作,黑人体力工与其他黑人体力工一起工作,犹太商人则雇用犹太

---

61 这个错误给唐纳德·杜威的分析造成了致命伤,参见杜威的《美国南方行业的黑人就业情况》一文第七章,载于《政治经济学杂志》第 LX 卷(1952 年 8 月期)第 285 页。对于杜威的文章,我已做出了详细的评论。

人当佣工,等等。假设有两个生产中可完全相互替代的群体 W 和 N,如果这两个群体中的至少一个群体的成员希望对另一个群体的成员施加歧视,则完全的隔离就会出现。这是一个充分而非必要条件,因为如果这两个群体都意欲歧视同一个群体——比如说群体 N——的成员的话(只要群体 N 的成员之间的歧视偏好值小于 W 对 N 施加的歧视偏好值),则市场隔离就会出现。当且仅当某群体成员对本群体的歧视的意愿小于另一群体对该群体的歧视意愿,任意两个群体都会出现市场隔离。[62] 这个一般化的条件有助于理解美国等国明显的市场隔离现象。[63]

4.4 互补及不完全替代

现在假设除了 W 和 N,还有第三种要素,该要素与 W 或 N 按固定比例一起使用,且该要素的成员对 N 的歧视系数(DC)是相同的(均为 d_3)。可以看出,按固定比例与 N 一起使用的要素对 N 的歧视所导致的 MDC 等于该要素的 DC(d_3)乘以该要素与 N 一

---

[62] 这种情形是有可能出现的,因为同一群体的成员之间的接触频次要大于不同群体的成员之间的接触。频繁的接触之所以使得歧视发生得较少,至少有以下三个原因:(1)歧视的发生是由于彼此不了解而引起的,而接触可消除这种彼此不了解;(2)N 和 W 的体质特征和社会特征均不同,因而相互接触可使 N 和 W 得以审视他们各自的特征;(3)正因为 N 能够审视他们自身的特征,因而 N 施加歧视的概率要小得多,且彼此会接触更频繁。迄今尚未找到任何可量化的证据,来评判到底哪种解释是正确的。

[63] 一个有趣的现象是:市场歧视是由歧视偏好引起的,而市场隔离则是由歧视偏好的差异引起的。市场隔离未必同市场歧视一起出现,只有在不同群体的歧视偏好不一致时,才会同时出现这两种现象。

起工作时的单位产出的货币收益与 N 的单位产出的货币收益的比率[64](关于这个比率即变量 C 的讨论,见第六章)。d_3 的变化会造成 MDC 的至少是成比例的变动。[65]

这个第三要素的成员的歧视偏好可能会有所不同,这种差异可从 DC 的频次分布中归纳出。如果 N 的劳动供应为 W 的 1/3,且第三种要素的每位成员都提供相同数量的劳动,则正如第三章所证明的那样,均衡时的 MDC 将等于 C_3 倍的第一四分位数的 DC 值。围绕均值的离差的增加或 DC 均值的下降都会导致 MDC 的增加。这再次说明,歧视偏好的差异可能是市场歧视的决定性的重要因素。

任何人所提供的劳动量取决于他的工资率。现在假设每个人提供的劳动量越多,其净工资率就会更高;当 N 的工资率等于 W 的工资率时,N 提供的劳动量为 W 的 1/3;第三要素的每位成员

---

64 每位成员都要使自己的净收入最大化,于是他只在 $\pi_{3w} > \pi_{3n}(1-d_3)$ 时才会同 W 一起工作,只在 $\pi_{3n}(1-d_3) > \pi_{3w}$ 时才同 N 一起工作。如果 N 和 W 同时受雇,则上述两个条件均不成立,且在均衡时

$$\pi_{3n}(1-d_3) = \pi_{3w}。 \qquad (i)$$

假设 m 单位的该要素与 m' 单位的 W 或 N 结合,生产出 1 单位的产出。在雇用 N 时,单位产出的成本为 $m\pi_{3n} + m'\pi_n$;雇用 W 时,单位产出的成本为 $m\pi_{3w} + m'\pi_w$。雇主的目标是使货币收入最大化,并且会选择要素的混合使用以使货币成本最小化。因此,当且仅当 W 和 N 的单位成本相等时,即

$$m\pi_{3n} + m'\pi_n = m\pi_{3w} + m'\pi_w, \qquad (ii)$$

W 和 N 才能同时受雇。将等式(i)代入等式(ii)中,有

$$\frac{\pi_w - \pi_n}{\pi_n} = MDC = \left(\frac{m\pi_{3n}}{m'\pi_n}\right)d_3 = C_3 d_3。 \qquad (iii)$$

65 之所以要加上"至少"两个字,是因为 d_3 的增加可能导致 π_{3n} 的增加和 π_n 的下降,从而使 C_3 也增加。

都在相同的净工资率下提供相同的劳动量。如果 MDC 等于 C_3 倍的第一四分位数的 DC 值,则 π_n 将小于 π_w,N 的劳动供给将比 W 的劳动供给量的 1/3 还少。而且,由于与 N 一起工作的内边际的生产者的净工资率必定大于与 W 一起工作的内边际的生产者的净工资率,因而与后者相比,前者将供给更多的劳动。相应地,对 N 的相对需求量必定大于其相对供给量,均衡时的 MDC 必定小于 C_3 倍的第一四分位数的 DC 值。均衡时的 MDC 值越小,则这些不同类型的劳动供给弹性就越大。由 N 的相对供给的增加而造成的 MDC 值的增大是由 DC 的均值、围绕均值的离差和供给弹性共同决定的。

不完全替代的要素的歧视偏好所引起的市场歧视值介于这两种要素在完全替代和完全互补这两个极端情况下的市场歧视值之间,这似乎是合理的。要证明这点,不妨假设在无歧视的情形下,对于每 m 单位的该要素,搭配雇用 m' 单位的 N(或 W)是最优的选择。如果该比例不变,则均衡时不同歧视水平下 N 和 W 的相对工资率将由式(iii)(见脚注 64)给出。如果该比例是可变的,则对于每 m 单位的该要素,歧视会使得雇主雇用的 N 多于 m' 单位,所雇用的 W 少于 m' 单位。歧视使得 π_n 减少,π_w 增加,从而使得雇主增加对 N 的需求而减少对 W 的需求;这样一来,π_n 相对 π_w 的值变大。至此,已证明完毕,因为这已可以看出,比例可变的情形下的均衡时的 MDC 值必定小于比例不变时的均衡 MDC 值。

很多作者都强调歧视偏好的程度与经济条件之间的联系。他们特别强调这样的观察结果:在劳动市场中,当几个群体都竞争同一类工作时,某个群体的成员往往对其他群体形成很大的歧视偏好。[66] 对于可完全替代的群体,他们之间的竞争是最大的;竞争激烈程度随替代程度的减弱而减弱。如此,很多作者所宣称的歧视偏好与竞争之间的联系就可表述如下:在其他条件完全相同的情况下,那些可完全替代 N 的要素对 N 的歧视偏好值是最大的。有些作者则进一步暗示,由于替代程度高的要素的歧视偏好值最大,因而这些要素也将使得市场歧视值达到最大值。前述的分析表明,由歧视偏好的假设未必能推导出该结论。如果某要素的歧视偏好值一定,则其所导致的对 N 的市场歧视值越小,那么该要素对 N 的替代程度就越高。[67] 随着替代程度的增加,于是就同时出现了变化方向相反的两种结果:一方面,歧视偏好值也随之增加;但另一方面,由给定的歧视偏好所引起的市场歧视值却变小了。那种认为市场歧视主要是由替代程度高的要素所施加的歧视而导致的观点必须假定:前者的增速要大大高于后者的减速。[68] 尽管尚无明显的证据来验证该假设,但这点是否正确,笔者表示怀疑。

---

66 例如,可参见萨恩格《偏见的社会心理学》(纽约:哈珀-布罗斯出版社,1953年),第 98 页;戈登·奥尔波特《偏见的实质》(剑桥:埃迪森-威斯利出版社,1955 年),第 229 页;威廉斯(R.W.Williams)《缓和群体间的紧张关系》(*The Reduction of Intergroup Tensions*)(社会科学研究委员会,1947 年),第 59 页。

67 如果 C_i 并不随替代程度的增加而系统地增加,则该结论一定是正确的。

68 设 S 表示替代程度,d 为某要素的 DC 值。假设 d 与 S 成正比,即 $d=aS$,且由某要素所施加的歧视而引起的 MDC 与 d 成正比而与 S 的平方成反比,即 $MDC=bd/S^2$。则 $MDC=ab/S$,即 MDC 与替代程度成反比。如果 $d=aS^2$,则 $MDC=abS$,即 MDC 恰与替代程度成正比。同理,如果 $d=aS^2$,则 MDC 与替代程度无关。

4.5 工会

到目前为止,我们都是假设劳动市场是竞争的。虽然这种分析思路也有几处暗含了工会化的市场的歧视问题,但由于这方面的实证研究极少,因此,在此详述有关工会化的市场歧视问题并不明智。只需指出下面这点就够了:如果工会对非工会会员的群体 N 施加歧视,则群体 N 就有可能被排除在工会之外;且工会的 DC 值越大,N 被排除在工会之外的可能性就越大。工会的 DC 值取决于工会会员的 DC。如果工会中的某个成员被随机选为工会领袖和决策者,则一般说来,工会的 DC 将等于工会会员的 DC 分布中的中位数的 DC(详见第三章的分析)。另一个极端的情形是,工会做决议遵循的是少数服从多数原则,即每个工会会员都拥有一票的投票权,都可以自由竞选工会领袖职位。在这种情形下,位于中位数的 DC 的成员得票将最多,因此在均衡状态下,中位数的 DC 值就是工会的 DC 值(详见第五章)。因此,在这两种极端的情形中,预期的 DC 值都等于工会会员的中位数的 DC 值。

正如本章前面所述,在一个竞争的劳动市场,某群体(例如 W)对可完全替代的另一个群体(例如 N)施加歧视并不会导致市场歧视。不过,如果工会是由 W 组成的,且对作为非工会会员的替代群体 N 施加歧视(以不准 N 加入工会的方式),则 W 对 N 的歧视就会导致市场对 N 的歧视。确实,很多人认为,工会歧视是造成市场歧视的一个重要原因。例如,埃奇沃思(F. Y. Edgeworth)就认为,英国妇女的工资之所以低于同等条件下男子的工资,主要是因为工会提高了男子的工资;而妇女之所以被排除在工会之外,部分原因是存在着男子对她们的歧视。[69]

已参加工会和未参加工会的员工的工资差异也许并不是来自工会的歧视(如,工会会员的货币收入可能会因排斥政策而提高),而是来自其他群体的歧视。白人或男子本身就是一强势的联盟,因为他们是首批进入职场者,或者因为他们格外有进取精神。不过,他们经济地位的形成,部分原因是与他们的性别和肤色有关。因为暴力是不允许使用的,也不可能允许他们对黑人和妇女施加政治压力。[70] 因此,男子和白人之所以拥有较高收入,部分原因就是他们对黑人和妇女施加政治歧视的结果。如果要充分了解工会对少数族裔的行为,就有必要了解其他种种解释的详尽的实证分析。

---

[69] 详见埃奇沃思《男女同工同酬》(Equal Pay to Men and Women for Equal Work)一文,《经济学杂志》(Economic Journal)第XXXII卷(1922年12月期),第431~457页。他写道:"清一色的男性成员的工会的压力的存在是妇女就业机会少的主要原因,而这又被普遍认为是妇女工资下降的主要原因。"(第439页)他还说:"清一色的男性成员的工会的排他性的存在,正是长期以来的偏见和风俗相沿成习的结果。"(第440页)另见福西特(M.Faucett)《同工同酬》(Equal Pay for Equal Work),《经济学杂志》第XXVIII卷(1918年3月期),第1~6页。

[70] 关于这点,拉思伯恩(E.F.Rathbone)举了一个很有趣的例子。她认为,在英国,清一色的男性成员(而不是清一色的女性成员)的工会可获得社区的支持和同情,因为通常情况下,男子是家庭的顶梁柱。详见她的《妇女服务的酬劳》(The Remuneration of Women's Services)一文,载于《经济学杂志》第XXVII卷(1917年3月期),第55~68页。

补　遗[71]

经济学一直关注工会[72]的经济权力。在过去的 20 年里,经济学家还一直努力从实证的角度来确定这种权力。他们所用的实证测量的量度就是:工会的工资率与不存在工会时的工资率二者的比率。大多数经济学家都认为,要评估工会的权力,该量度并不完善,部分原因是,该量度并没有考虑到工会对非货币收入和未来收入的影响;还有部分原因是,要确定工资值尤其是确定无工会时的工资,难度很大。[73] 如果考虑进其他独立量度的话,就会少犯严重的错误。在本"补遗"中,我将用到两个量度,这两个量度常用于检验相对工资估算值;在相对工资估算值不容易算出时,则可用于测算工会权力的大小。这两种情形都考虑到了下列的情形,即工会会影响到就业水平和对某种职业的吸引力,还影响到工资水平。工会增加工资,就会将其他职业的人吸引其中,这时就需要对工会准入实行名额控制。在测量工会权力的两个量度中,其中的一个量度涉及运用非价格的手段来分配入会名额,另一个量度则涉及入会时需缴纳的"高额"的入会费。

---

[71] 本章的"补遗"部分,系由加里·贝克尔《工会准入的限制》(Union Restrictions on Entry)一文略加改动而成,原文载于布拉德利(P.Bradley)主编的《工会权力的大众赌注》(*The Public Stake in Union Power*)(弗吉尼亚夏洛茨维尔:弗吉尼亚大学出版社,1959 年)。

[72] 本章"补遗"中提到的"工会"一词是广义的,既包括通常说的工会组织,也包括类似地位的组织,如美国医学会(AMA)等。

[73] 还有的批评认为,对某些问题来说,测算就业数量的影响比测算收入的影响更重要。

这两种入会名额分配方法不仅使得测量工会权力的量度有差异，而且也使得准入政策有重大差异。例如，那些运用非费用手段来限制入会的工会，针对少数族裔的歧视会更严重，而更加偏向会员的亲朋好友。在工会权力大小相同时，征收高额入会费的工会拒斥申请者的数量就少些。本"补遗"部分的第一段讲到了用入会限制来测量工会权力的方法并讨论了价格方法和非价格方法量度的差异，接下来，就要运用第一段的分析来理解部分工会的实际政策。

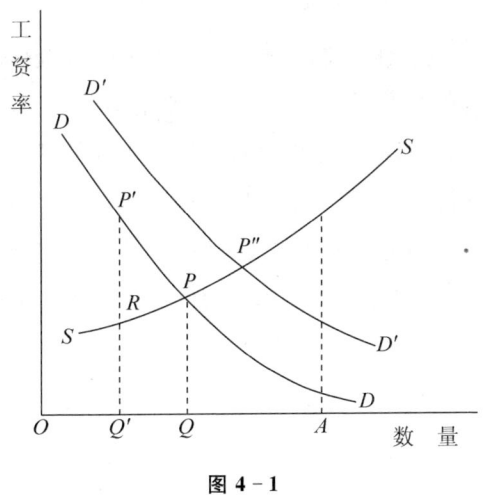

图 4-1

在图 4-1 中，曲线 DD 和 SS 分别代表某要素（该要素为相对工资的函数）的需求和供给。在不存在工会也不存在买主垄断的情形下，供需均衡点位于点 P，这时的工资率为 PQ，所雇用的要素数量为 OQ。在有工会的情形下，如果工会的存在不改变需求曲线的位置，则均衡点将沿曲线 DD 移至点 P′，这时新的工资

率为 $P'Q'$，新的雇用数量为 OQ'。OA 值表示在工会工资率下想被雇用的要素的数量。$Q'A$ 表示可用的要素数量与实际需求的要素数量之差。该差值可通过以下三种方法消除：(1)所有的申请入会者都获准入会，但典型的工会会员的工作时数会减少；(2)部分申请者被断然拒绝入会；(3)在高额的会费下，申请者的数量减少。下面依次讨论这三种情形。

如果所有的申请者都获准入会，且会员数量完全随工作时数的减少而相应变化，则典型的工会会员的实际收入不可能增加。举个极端的例子，假设在竞争情形下的收入水平上，入会是无限弹性的。结果是，无论工资怎样增加，工会会员数的增加都会将工作时数降至足以维持竞争情形下的实际收入水平的值上。一般说来，入会的门槛越低，则通过减少工作时数来增加收入就越困难。对一个行业或职业来说，其长期供给弹性可能很大，因此，工作时数的减少并不是增加典型的工会会员收入的有效方法。已有的证据支持了这个结论，因为工会会员工作时数的大幅减少主要出现在需求的周期性或长时段的大幅减少之时。[74] 在这些条件下，减少工作时数看来是分配有限的工作机会的自然而然的方法。但通过减少工作时数来增加长期收入的做法似乎远不普遍，尽管得承认，可获

---

[74] 索贝尔(I.Sobel)：《橡胶轮胎业的集体协商与分权》(Collective Bargaining and Decentralization in the Rubber-Tire Industry)，《政治经济学期刊》第 I Ⅻ 卷第 1 期（1954 年 2 月，第 19～20 页）；斯利克特(H.Slichter)：《工会政策与行业管理》(*Union Policies and Industrial Management*)（华盛顿，1941 年），第 269～274 页。

得的量化证据尚极为有限,笔者也未对此进行系统的验证。[75]

如果工会不以减少工作时数的方法来减少长期供给,则工会必定会以减少会员数量的方式来减少长期供给。减少会员数的重要方法是断然拒绝某些申请者。强势的工会——指的是那些不会面临其他劳工的竞争和机器的竞争的工会——会拒绝很多申请者,因为虽然工会的收入值在一个较大范围内变化,但普通会员(指收入处于平均数位置的会员)的收入与工会会员人数之间呈负相关的关系。因而,随着时间的推移,当工会会员去世或退休时,工会会倾向于不再接纳新成员。也就是说,从长期看,工会很愿意减少会员数量。反之,弱势的工会——指的是那些面临其他劳工的竞争和机器的竞争的工会——往往不会拒绝为数众多的申请者,因为这样做会降低普通会员的收入。强势的工会在拒绝申请者时甚至会走得更得更远,因为过多的拒绝可激起非工会会员劳工的竞争。[76] 无论是强势的工会还是弱势的工会,只有在进一步减少工会会员数足以导致普通会员的收入减少时,此时才是均衡的会员数。

要找到测量工会权力的方法,就要用到图表。在图 4-1 中,$P'Q'/PQ$ 是用相对工资来测量工会权力的常用量度。我们会倾

---

[75] 建筑业、印刷业等极少数行业的工会可通过协调订立合同,规定较少的工作日天数,但对白领工人(他们中多数为非白人)来说,他们的工作日天数比大多数工会会员的要少。参见布兰德温(S.Brandwein)主编《劳动月评》(*Monthly Labor Review*)第 79 卷第 11 期(1956 年 11 月),第 1263~1265 页。

[76] 可参见刘易斯的一个例证,见他的《竞争性工团主义与垄断的工团主义》(Competitive and Monopoly Unionism),载布拉德利主编的《工会权力中的大众赌注》,第 200~201 页。

向于使用 OQ/OQ' 的比值作为工会权力的相对数量量度,因为沿着既定的需求曲线,这个数量量度与工资量度直接相关。不过,数值变化的范围会因不同需求曲线的工会的工资变化范围而大为不同。[77]

如果以断然拒绝的方式来控制入会人数的话,则用 $Q'A$ 的值就可测量被拒的申请者的数量。因此,另一种数量量度就是

$$\frac{QA}{OQ'} = 1 + \frac{Q'A}{OQ'}.$$

该式测量的是平均每个工会会员分摊的申请者数量。对于无经济权力的工会来说,该量度值等于 1。更重要的是,该量度与工资量度的变化方向是一致的。工资的大幅增加不可能使实际就业人数大幅减少,但它(由于弹性供应曲线)却可以使供给的数量大幅增加。因此,工资的大幅增加与平均每个工会会员分摊的申请者数量是有关联的。

对于某个工会来说,在某个时间点,有两个数值是大致可以确定的,即实际就业的人数与那些寻求就业的人数,该数量量度就是两个数值的比值。但这种方法并不适用于相对工资量度,因为对于某工会的某段时间内的就业人员和待业人员的相对工资价格的比值,我们无法测量。这样,我们就得用替代的方法:要么测量不同时间下的相对工资价格,要么测量某个时间点下不同市场里的

---

77 设有两条需求曲线,其中一条为曲线 DD,另一条为完全无弹性曲线。完全无弹性曲线的工会可将其工资率无限提高,而对就业数量不产生任何影响。因而,相对工资率的变化将大于 $P'Q'/PQ$,而相对数量的变化将小于 OQ/OQ'。

相对工资价格。不过,这种替代的方法是否好使,其实大致取决于测量寻求工作的人数(OA)的难易程度。

与相对工资量度相比,这种相对人数量度也可更好地用于估算工会对未来收入和非货币的收入的影响力。某个职业的员工供给数量是由当前的实际收入预期和未来的实际收入预期决定的,而不仅仅是由当前的工资值决定的。如果工会在改善工作条件方面有所作为,则 OA/OQ' 的值将变大,而 $P'Q'/PQ$ 的值不变。如果某个职业的未来收入预期减少,则 OA/OQ' 的值将变小,而 $P'Q'/PQ$ 仍保持不变。

供给数量是典型的工会会员收入预期的函数,这个预期值可能与雇主"支付"的收入差距很大。这种差距在"敲诈勒索"型工会表现得尤为明显。在这些工会里,雇主支付给雇员的收入的一部分是要以保护费、酬金或贿赂的形式上贡给工会"老大"的。通常情况下,相对工资量度可反映出雇主支付的收入的增加情况,而相对人数量度则可以反映典型的工会会员的收入增加的情形。由于人数量度仅能测量那些典型会员的经济实力,因而工会的权力也是可以测量的,不过,相对数量量度值也很可能为1。[78]

如果工会能够改变需求曲线,则工会将不会沿既定的需求曲线(比如图 4-1 中的 $D'D'$)移动。就业率和收入都会增加,而相对人数量度值(如图 4-1 中的点 P'')并不增加。不过,这种情形

---

[78] 在图 4-1 中,设 $P'Q'$ 等于雇主支付的收入,RQ' 为典型会员得到的收入,$P'R$ 为工会"老大"得到的收入。相对人数量度等于 $OQ'/OQ'=1$,尽管工会使得雇主支付的收入从 PQ 提高到 PQ'。

是不可能的,因为工会很愿意沿着曲线 $D'D'$ 移动从而离开点 P''。离开点 P'' 的移动使得劳动需求数量与劳动供给数量之间出现了差距,于是平均每位工会会员分摊的申请者数量增加了。这样,即使工会出于自身利益考虑而改变了需求曲线,工资的增加值与单位工会会员分摊的申请者数量的增加值之间仍呈正相关的关系。

如果工会只对部分申请者实行断然拒绝的政策,则该工会未必是随便挑选会员。相反,工会在挑选会员时会考虑进申请者之间的所有差别。例如,如果某工会不想吸纳黑人入会,则黑人申请者往往被拒斥。如果某工会偏向吸纳现会员或前会员的子侄,则他们入会的机会就比其他申请者多些。诸如此类的歧视或搞裙带主义的行为并不会使工会会员损失什么,只要所拒收(歧视情形下)或接纳(搞裙带关系情形下)的申请者数量少于随机挑选时拒斥或接纳的新会员数量。对强势工会来说,这个条件更是如此,因为他们所拒斥的申请者比弱势工会所拒斥的要多。如果工会在施加歧视或搞裙带主义时是无成本的,那么工会就有动力这样去做。因此,可以预料的是,对强势工会来说,歧视或裙带主义现象应当更为普遍。

当然,工会要限制申请者入会,方法不只将一些申请者排除在外一途,还可以通过减少会员数的方式实现。设某工会决定从 100 名条件相当的申请者中只吸纳其中的 30 名作为新会员。该工会可以从中随机挑选 30 名申请者作为新会员,[79] 还可以采取收

---

79 由于申请者条件相当,也就不存在歧视问题。

取入会费用的方式。如果入会费太低,则申请者就不止30名,工会可从中随机挑选30名申请者。如果入会费太高,则申请者就不到30名,工会就招不到额定的新会员数。如果会费额设置得正好,则申请者刚好为30名,就不需要再申请新的名额了。如此,入会会费可将申请者的数量降至想要的新会员名额数上。申请者所缴纳的入会会费通常情况下会分配给工会会员,这笔费用可以说是工会经济权力的一项额外回报。

均衡状态下的入会费等于工会会员得到的收入的现值与下一个最好的职业收入的现值之差。如果这个值变大,则没有几个人想入会。如果变小,则想申请入会的人就很多,结果就是,工会提高了入会费标准,只接纳他们原定的人数。如此,入会费就是反映工会经济权力的一个很好的指数,既可以测量当前的收入,也可以测量未来的收入;还可以用来估算不同职业之间的收入预期。工会的经济权力与入会费额而不是单位会员分摊的申请者的人数呈正相关的关系。

如果工会运用非价格的手段来确定新会员数量,则被拒的申请者就会向那些管招募的人行贿。一般说来,行贿数额也与工会的经济权力呈直接相关。对非常强势的工会来说,行贿数额之大,简直是天大的诱惑。在那些运用价格手段确定新会员数量的工会,行贿的金额就较小(甚至没必要行贿),因为既然规定了入会费,就不必为入会而背地里再缴纳一笔费用。而且,这样也可以显示大公无私,避免不经工会会员批准的徇私行为,因为徇私行为很容易发现——只需对收费账簿进行审计就可以。

那些运用入会费手段来确定新会员数量的工会会歧视少数族

裔的申请者且表现出任人唯亲,不过,它们也要为这项特权付出代价。试想,如果工会设置的会费标准很高,从而将申请者的人数降至30人——正是工会想要招募的人数。如果工会不想吸纳黑人会员,而这30名申请者中恰有黑人,则工会只能降低入会会费标准,以招募到30名白人作为新会员。这两个会费值之差表明了歧视黑人的成本。[80] 所"消费"的歧视值与其成本或者说"价格"大致呈负相关的关系。因此,招募30名白人会员的"价格"越低,则接纳黑人申请者的动机就越大。对那些使用非价格手段来分配入会名额的工会来说,歧视是免费的,因此,可以预计的是,这些工会比其他工会歧视的程度会更大。[81]

我已经暗含地假设,工会的人数与入会政策无关,但是这里所揭示的是,工会人数会因以价格手段来分配名额的程度的不同而不同,而且是直接相关的关系。在通过非价格的方式来实现名额分配的情形下,来自其他要素的竞争的加剧仅构成限制入会的成本。此成本的边际值将为因成员数的减少而获得的收益(即更高的工资)而平衡。在以入会费方式实现名额分配的情形下,放弃的

---

[80] 歧视的另一个表现就是,向黑人申请者收取更高的会费,以此作为吸纳黑人会员的负效用的补充。这两个会费之差也表明了歧视黑人的成本。

[81] 在本章对工会的讨论中,笔者想展示的是,即使在工会化的市场和非工会化的市场中,歧视的代价都是不小的,而在工会化的市场中更倾向于歧视,事实上歧视的程度也更大。如果承认以下这点,则这个结论就成立了,即工会对自身的歧视是没有成本的。在本书第三章,我也揭示了:垄断性企业比竞争性企业的歧视程度要大,即使对这两种企业来说歧视的成本是一样的。如果垄断性企业不能充分利用其垄断地位,则垄断性企业的歧视成本就可能降低。这是垄断性企业比竞争性企业歧视程度更大的另一个原因。

第四章 雇员歧视

入会费就是一项额外的成本,这样,这两种成本的边际值将为因成员数的减少而获得的收益而平衡。如果工会从以非价格手段来分配名额转变为以价格手段来分配名额,则因会员数的减少带来的边际成本——为入会费额的近似值[82]——将增加,于是工会就有增加会员数的动力。增加会费的结果是使得入会的人数增加而不是减少,这看起来相互矛盾。之所以会出现这种看似矛盾的结果,是因为这里暗含着一个比较,即以收取会费来分配新会员名额的工会与根本不分配入会名额的工会之间的比较。然而,实际中比较的对象却是以不同方式分配入会名额的工会。只要承认这点,则出现这种结果就不足为怪了。

可以看出,运用价格进行名额分配的工会与其他工会呈现出系统性的差异,主要有:(1)前者的垄断力的现值大小可以用入会费的数额进行测量,而其他工会的垄断力大小要用单位会员分摊的申请者数量来测量;(2)就入会而言,行贿、歧视和裙带主义对前者类型的工会来说的重要性要小些,而对其他工会来说,这些行为就显得重要;(3)与其他类型的工会相比,运用价格手段进行名额分配的工会拒绝申请者的数量相对少些。现在我们就来看一下几个工会和类似工会运作的实例,重点看一下运用价格手段和非价格手段进行名额分配的工会的不同影响。

(1)美国医学会运用非价格手段来限制入会,限制的程度可从被医学院拒绝的申请者的数量就可以看出。这是该工会具有强

---

[82] 这里之所以说的"近似",是考虑到这种情况:当获准入会的人数发生变化时,则会费额也会发生变化。

经济权力的证据。[83] 医学院因歧视少数族裔而照顾美国医学会会员亲属而备受指责。的确应该指责。这或许可以解释为什么和其他职业相比，医生的子女更多的是子承父业。以行贿的方式进入医学院的新闻亦有报道。[84] 不过，医学院以这种方式招收的学员数量是否一定少于以价格手段来分配学员数情形下招收到的学员数量，就不得而知了。

(2) 对于外国人，美国运用的是以非价格的方式来实行名额控制以限制其他国家的人进入美国。我们没必要强调大量遭拒绝入境的人数，还有，人们往往认为美国人的实际收入比其他国家高很多，关于这一点，这里也没有必要详述。移民法令中的歧视和裙带主义举世皆知，这些法令对亚裔几乎是完全排斥的，而对美国公民的亲属则给予优惠的待遇。如果允许移民缴纳一大笔入境费，则对移民的限制就可能放松。

(3) 日常生活中的很多行为——例如，酒类的销售、广播电视无线电波的使用、出租车的运营等——都有许可证制度。由于新的许可证往往是以非价格手段来分配的，许可证的经济价值可用申请者的相对数量来衡量。如果许可证可以转让，则其经济价值也可以用旧许可证的价格来衡量。最近的国会旁听会揭露了美国的联邦通讯委员会(FCC)在电视许可证发放中的受贿、偏心和歧

---

[83] 参见弗里德曼和库兹涅茨(M. Kuznets)《独立专业技术类职业的收入》(*Income from Independent Professional Practice*)(纽约，1945年)一书；弗里德曼《关于工会对经济政策的重要性的若干评论》(Some Comments on the Significance of Labor Union for Economic Policy)一文，载于赖特(D. M. Wright)主编的《工会的影响》(*Impact of the Union*)(纽约，1951年)，第211页。

[84] 参见1958年2月25日《纽约时报》第一版。

视行为。州政府和市政会的定期调查表明,在酒类经营许可证和出租车运营许可证的发放中,也有类似的行为。我们知道,只要新的许可证的发放是基于非价格的手段,则此类违法行为就必然会出现,这是可以预见的。

(4)正如通常认为的那样,大多数工会运用非价格方式进行名额分配来限制入会,则这些工会的经济权力可用平均每位成员分摊的申请者数量来衡量。类似的证据还表明,职业工会(craft union)的经济权力要大于行业工会(industrial union),因为加入职业工会的难度要大得多。职业工会和行业工会的工会会员的收入也支持了这个结论,这也是个直接证据。在职业工会里,对少数族裔的歧视、对亲属的裙带主义的行为也更明显,且职业工会越强,这种歧视与裙带主义行为就越厉害。有些职业工会的条文即规定,不接纳少数族裔(特别是黑人)成员,[85]而对有些职业工会来说,如果不是某种职业工人的亲属,则根本不可能加入工会。"圣路易斯的建筑业工会明确规定,工会会员只能从现有会员的亲属中产生,甚至到了这种地步:如果父亲或叔父不是建筑业的从业者,则子女加入建筑业的工会犹如考入西点军校!"[86]

工会也可能会提高工资,但不控制新工作的分配。工会式企业(union shop)在签订劳动合同时,分配新工作的权力名义上是

---

[85] 参见诺斯拉普(H.Northrup)的《有组织的劳工与黑人》(*Organized Labor and the Negro*),纽约,1944年。

[86] 劳动统计局:《建筑业的学徒制》(*Apprenticeship in Building Construction*),华盛顿,1929年,第9页。

由雇主控制。[87] 在这种工会里,由于工会新成员对找到工作抱有不合理的期待,那么,很容易就加入工会未必就意味着不能提高工资。工会的权力只能由平均每位在职的员工分摊的申请工作者的人数来测算。能分配工作机会且能不必付出代价地表达歧视和裙带主义的,是雇主而不是工会。我的结论是,职业工会比行业工会的权力更大些,因为职业工会可以拒绝更多的申请者,歧视的程度也更大。不过,行业工会也有提高工资的能力,这种可能性是存在的,但行业工会没有分配工作的权力。

尽管上面四个例子表面上情形不一,但本质非常相似。从表面看,移民、医疗行业、电视台和工会的确没多少相似之处,且实际上,无论是移民入境、加入医学会、获得电视台经营许可证还是加入工会,对这些问题的讨论往往强调其殊相,但这些殊相并不重要,而其相似之处则是可以看到的:它们都是运用非价格手段来实现名额分配的。

---

[87] 这里之所以加上"名义上"三个字,是因为很多合同是按照工会式企业的合同样式写的,以期符合《塔夫脱—哈特利法令》(Taft-Hartley Act)的规定,但实际上它们都是封闭式企业(closed-shop)的合同。

第五章 消费者歧视和政府歧视

上一章提到,对雇员以外的其他受雇要素的歧视的分析理路与雇员歧视的分析理路完全一样,本章不再赘述。本章的重点是分析消费者歧视和政府歧视。与其他市场相比,在住房市场,消费者歧视也许更为重要,本章即分析这个问题。尽管对政府歧视的分析涉及若干新概念,但本章只能对此做简要的探讨,因为本研究主要关注的是来自私人领域的歧视问题。

5.1 消费者歧视

尽管前几章中经常假定两个群体的成员"在生产中可完全替代",但并没有对其进行严格的界定。在分析雇主歧视和雇员歧视时,最好先区分一下可销售的产品(marketable output)和不可销售的产品(non-marketable output),生产中的完全替代其实是指"在生产可销售的产品时的完全替代"。群体 N 可能会认为其所生产的木制产品是可销售的产品,但他们的雇主可能会认为这些产品无用,因而在雇主眼中就是不可销售的产品。根据这种划分,后者并不构成实际生产率,否则在一个竞争的经济环境里就不会出现市场歧视。[88] 但这种划分不能用来区别消费者歧视与其他消费者选择,因为产品能否销售取决于消费者的整体偏好。不过,这并不是建议一定要将任何产品的特性都归为这两类,只有当消费者歧视存在时,这种划分才有意义。[89] 例如,消费者在评价一家商店时,他很可能不仅从价格、服务的速度、可靠与否等角度来评价,还会从销售人员的性别、种族、宗教信仰和性格等来评判。当然,只有在有歧视倾向时才会出现后一类的评判角度。这个例子表明,这两类评判角度的界线有着很大的随意性,仅仅取决于研究目的。

假设所有的特性都可归到这两类中,且假设消费者对某群体(比如群体 N)存在歧视偏好。如果 P_n 为 N 生产或销售的产品的货币价值,则消费者在购买该产品时会认为其净价格为 $P_n(1+$

---

[88] 在讨论男女"同工同酬"的问题时,有必要先界定一下什么是"同工"。埃奇沃思最先从可销售的产品的角度来定义这个概念:"'同工'是指在雇主看来,用产品(或服务)的货币价值衡量时的效用相等。"(埃奇沃思:《男女同工同酬》,《经济学杂志》第XXXII卷,1922年11月,第433页。强调部分系笔者所加)不过,埃奇沃思又认为"同工同酬"只能出现在完全竞争的社会里(第438页),而没有注意到这样一个事实:即使在完全竞争的社会里,也依然存在着歧视偏好的可能。这样,埃奇沃思就陷入了自相矛盾。此外,拉思伯恩(Rathbone)小姐认为,要确定工人的生产率,既要看他/她对可销售产品的贡献,也要看他/她对不可销售的产品的贡献(拉思伯恩:《妇女服务的报酬》,《经济学期刊》第XXVII卷,1917年3月,第59页),因此,"同工同酬"只有在完全竞争的社会中才会出现。

[89] 这种方法不仅在讨论生产或销售不同产品环节针对黑人或其他少数族裔的歧视时是必不可少的,而且在讨论不同定位及宣传不同产品时针对他们的歧视时也是必需的。钱伯林(Chamberlin)等人从交互弹性分析、大组分析等方法讨论了后一种类型的"产品区分"。其实,这个问题可以用一种更为简洁、更有用的方式来分析,即用本书提出的个人歧视系数和市场歧视系数的分析方法。

第五章 消费者歧视和政府歧视

d),其中 d 为消费者的歧视系数(DC)。如果不存在歧视,两个群体(比如群体 W 和 N)在生产中可完全替代,则这两个群体的竞争均衡的工资率相同。但是,消费者对 N 的歧视会降低 N 相对于 W 的工资率。如果所有消费者的 DC 相等,均为 d,如果单位产出需要 m 单位的 N 或 W,则对 N 的 MDC 等于单位产出的价格除以 N 所获得的单位产出的工资然后乘以 d 的乘积。[90]

如果消费者的歧视偏好不同,则 d 值为介于购买 W 生产的和 N 生产之间的边际消费者的 DC 值。如果 N 的劳动供给为 W 的 1/3,且所有消费者购买的产品数量相等,则 d 等于消费者的 DC 分布中的第一四分位数的 DC。如果 N 和 W 的劳动供给相等,则 d 等于中位数的 DC。由于消费者的歧视倾向、净价格和收入存在差异,因此他们购买的产品的数量不可能相同。购买由 N 生产的产品的消费者,单位产品的支付额要少些,因而他们往往会多买 N 生产的产品,而收入较高者也倾向于多买 N 生产的产品。不过,如果消

---

[90] 如果某位雇主雇用 W 和雇用 N 时所获得的收入是一样的,即,如果

$$P_n - m\pi_n = P_w - m\pi_w$$

或

$$\frac{\pi_w - \pi_n}{\pi_n} = MDC = \frac{P_w - P_n}{m\pi_n}, \tag{i}$$

则在雇主的收入最大化时,M 和 N 之间就是无差异的。如果

$$P_n(1+d) = P_w, \tag{ii}$$

则消费则在购买由 W 和 N 生产的产品时就是无差异的。只有等式(i)和(ii)均成立时,或

$$MDC = \frac{P_n d}{m\pi_n} = C'd \tag{iii}$$

时,N 和 W 才能都被雇用。

费者的 DC 不同,则 N 的相对供给的增加总会导致 MDC 的增大,因为 DC 值较大的消费者必定也倾向于购买 N 生产的产品;也正是由于这个原因,离差的减少也使得 MDC 值增大。

5.2 住房市场中的歧视和隔离

5.2.1 居住隔离

在美国,对住房市场中的歧视和隔离的问题的讨论已成为热议的主题。这里,我们先假定某个社区里所有的住房均可按房屋质量即房屋位置、房屋数量和面积、建筑类型等来分类,还假定每个质量层次中,房屋主人或家庭随机分布。如果与随机分布的情形相比,某群体成员之间多比邻而居,这就意味着居住隔离。[91] 这种居住隔离的出现,有可能是公共政策使然,如波兰华沙的少数族裔聚居区;也有可能是市场条件下个人选择的结果,如布鲁克林的犹太人聚居区威廉斯堡和布赖顿滩(Brighton Beach)、纽约哈莱

---

91 有研究者认为,"区位性隔离"(ecological segregation)是指"少数族裔在城市中的居住格局并非人口普查意义上的随机分布的情形"。参见扬(J.Jahn)、施密德(C.F.Schmid)和施拉格(S.Schrag):《关于区位性隔离的量度》(The Measurement of Ecological Segregation),《美国社会学评论》第Ⅻ卷,1947 年 6 月,第 293 页。对于我们的研究来说,这种定义还不够充分,因为它仅仅从身体距离来定义,而没有区分由于收入而隔离与由于歧视偏好而隔离之间的不同之处。如果黑人和白人的收入不同,且他们对住房质量的要求不同,那么,即使不存在歧视,也仍会出现黑人和白人的区位性隔离,因为在选择住房质量时,收入水平是一个重要变量。这些分析思路只关注由于个体对住房质量的选择而导致的居住隔离,而未考虑到由歧视偏好而来的居住隔离。按照这种思路得出的"隔离指数"要小于扬等人的计算结果,也小于韦弗(R.Weaver)对针对黑人的住房歧视的研究结果〔见韦弗《黑人聚居区》(The Negro Ghetto),纽约:哈考特-布雷斯出版社,1948 年,第 98~99 页〕。

姆区的黑人聚居区、芝加哥的布朗泽维尔(Bronzeville)以及曼哈顿的布利克(Bleecker)街的意大利裔聚居区。如果是后一种情形,则与其他群体的成员不喜欢和他们比邻而居相比,本群体成员之间不喜欢比邻而居的程度要小;反之,与其他群体成员愿意和他们比邻而居相比,本群体成员之间更愿意比邻而居。例如,犹太人之所以出现居住隔离,是因为与非犹太人相比,他们更愿意和其他犹太人做邻居。[92]

5.2.2 居住歧视

人们往往将居住隔离与居住歧视混为一谈,其实居住歧视是另一种现象:当有人愿意为某个质量层次的房屋多支付租金或买金时,就出现居住歧视。很多人深信,在美国,针对黑人的居住歧视的程度很严重,不过目前尚无对此的具体而详尽的实证研究。[93] 我们确实会有这样的印象:在刚刚过去的15年里,在美国北方城市中,就同样的居住条件而言,白人支付的房租要低于黑人。但造成这种差异的原因是政府规定的以租金的手段来控制黑人进城的措施而不是歧视所致:在此期间,大批黑人涌向美国北方的城市。在以租金为手段以控制黑人涌入的社区,要住上同样条件的房子,

---

[92] 对居住隔离的分析与本书第四章提到的对市场隔离的分析大致相同。

[93] 玛格丽特·雷德(Margaret Reid)根据住房统计数据的检验结果认为,对于"固定"收入相同的黑人和白人,他们的住房方面的支付也很可能是相同的。不过,这个结论并不意味着居住歧视就不存在,因为即使在相同的收入水平下,黑人的居住面积仍小于白人或者居住条件劣于白人(她的研究结果即将在有关住房问题的专著上发表)。韦弗(前揭书表XIII、表XIV和表XXV。另外,他的这种观点在书中亦随处可见)也认为,就同样的居住条件而言,黑人支付的房租要高于白人;不过,这些数据很不准确,不足以据此得出某些结论。

这些新入住的居民就不得不比老居民交纳更多的租金。[94] 因此，当美国北方城市的这项以租金手段来控制黑人进城的措施废除后，这种租金差异就会大大缩小。还有，当高等法院宣判这些限制性的契约无效时，也会缩小这种租金差异，因为这些协议的目的就是要阻止黑人涌入某些地区。

不过，1957年时，在芝加哥这样的城市，要住上同等的房屋，黑人交的房租明显多于白人，而实际上在芝加哥等城市，房租控制措施或限制性的契约措施已经废除了好几年。这可解释为均衡性差异，除非公共政策或者个人歧视偏好发生变化。还有另外一种解释：在过去15年中，大量黑人涌入芝加哥，使得黑人和白人的房租在短时间内有所差异，当黑人的涌入潮结束时，这种房租差异也就随之消失。

在居住上，很多人尽量避免与黑人为邻，这也是在与谁比邻而居这个问题上订立限制性契约的重要动机。不过，他们也会将房屋出售或将其中的一间公寓租给住在本市其他区或其他社区的黑人，这并不是说他们想与买房或租房的黑人为邻，而是说他们愿意为与黑人为邻的人负责。何况，即使他们不情愿将房子直接租给黑人，他们也会将房屋出租给白人的公司，而白人的公司仍有可能将房屋再出租给黑人。但这并不是说白人不愿意与黑人为邻就对住房市场没有重大影响，而是意味着白人的歧视偏好与居住隔离是直接相关的，并非与居住歧视直接相关。

由于黑人不能在白人居住区周围居住，因此，黑人的人口数量

94　即使那些没有大量黑人涌入的社区，以租金为手段来控制黑人涌入的措施仍使得黑人支付较高的房租，即使这些措施在实际中执行不力。

第五章 消费者歧视和政府歧视

仅在黑人聚居区及周围有所增加。如果黑人聚居区的黑人数量增加，则黑人相对白人所交纳的租金也会增多，且一部分黑人会搬到黑人聚居区周边的地方居住。白人公寓房主及独立屋主如果不把房屋卖给黑人，则他们要蒙受巨大的经济损失，因此他们有可能并不愿意这样做。不过，在白人迁出黑人聚居区周边之后、黑人大量搬入之前，会有很长一段的时间差：合同必定到期，住户必定会迁到别的地方居住，房主必定会寻找潜在的买主，等等。[95] 但只要黑人持续涌入，则这个时间差就会存在，且在这个时间差里，要住上同样条件的住房，黑人支付的租金要多于白人。这种由于双方调整的时间差而形成的租金差异看来将是一个长期的均衡性差异。[96]

---

[95] 限制性契约很可能会拉长这个时间差，使调整所需时间更长。韦弗也持这样的观点："存在于'黑人地带'(Black Belt)周边的种族性房屋租赁契约的主要影响是：人为地和暂时地限制了美国非白人居住空间和房产……基于种族的限制性的契约不能也不可能阻挡不断增多的黑人的居住空间的扩张的步伐。"（前揭书，第234页）"在正常的时间段里，契约对阻挡黑人人口不是那么有效。比如，那些今日黑人所住的地区，正是当年实施针对黑人租房进行契约限制的地方，且黑人涌入这个地方的时候，这种限制性契约仍未失效。"（前揭书，第236页）

[96] 韦弗提出了类似的假设，他认为："一旦人们接受了'黑人地带'的这个说法，则只要大量的非白人涌入北方，同样条件的住房，黑人聚居区周围的房租就比别处要高。"（前揭书，第36页。强调部分系韦弗所加）不过，在他的著作的其他章节里，他又将这种租金差解释为是由歧视引起的、在相当长的时间内仍存在的差异。

诚然，由于以租金为手段来控制黑人涌入的政策的存在、信息不对称及各种时间差的原因，涌入该地区的所有群体所交纳的房租都可能与白人交纳的租金有所不同，黑人和白人所交纳的租金差异只不过是其中的一种表现。但是，由于歧视的存在，新来的黑人所交纳的房租仍高于其他新来的群体。

这种假设只与市场中的个人歧视有关，而与政府歧视无关。政府行为可以是明显歧视性的，如，住房检查制度就对黑人租住的房屋执行得特别严格。但政府行为也可以是间接歧视的，如允许黑人在白人住区周围居住，但要以多家共屋的方式居住，从而形成"黑人地带"，起到了阻止黑人居住的实际效果。

该假设可通过比较两种租金额——黑人人口占总人口的比例发生了迅速变化的城市的租金额与该人口比例未发生重大变化的城市的租金额——而得到验证。就黑人遭受的歧视而言，美国南方要比北方严重得多（详见第八章）；不过，在美国北方，针对黑人的居住歧视的说法反而更多。这与租金差异的直接原因是歧视黑人的说法很难一致起来，但却与这里所讨论的说法相当一致，因为美国南方城市的黑人的相对数量相当稳定。[97] 这种理论也可以解释何以美国北方城市的黑人家庭成员住在一起的现象比白人家庭更为普遍。由于黑人的大量涌入，他们必定会在城市的边缘地区定居，而他们的住房又是由收入较高的白人所建，所以为了应付租金，黑人家庭成员只能共住一屋。在住房方面，对犹太人的歧视所造成的不满情绪亦时有所闻，尽管在过去的 20 年里犹太人占大城市的人口比例相对稳定。不过，如果对这些城市的租金进行细密的研究的话，就可看出，其实犹太人遭受的歧视程度还是较轻的，这也支持了此处的白人与黑人之间的租金差异的解释。

5.3　政府歧视

　　政府歧视的重要性从来就没有被忽视，所以至少要简单论述一下决定政府行为的变量。现在假设选民定期在两个政党做出多

---

[97] 如果与南方人相比，北方的美国人更加反对与黑人的身体接触的话，那么在住房方面，南方的美国人也许比北方人较少歧视黑人，尽管一般而言，南方的美国人更加歧视黑人。但这种假设无法解释何以美国南方的毛隔离指数高于北方（参见扬等，前揭书）。

第五章 消费者歧视和政府歧视

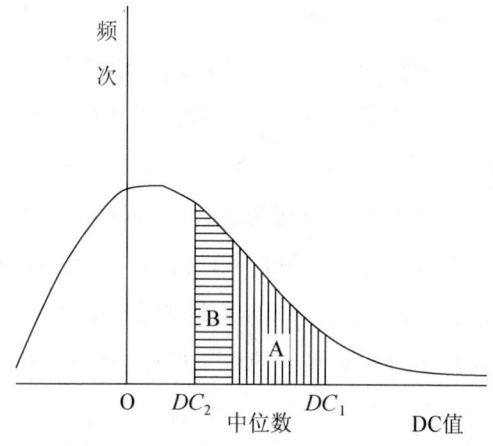

图 5-1　选民的歧视偏好分布

数票决的选举投票。我们还假定,选举中的唯一辩题就是政府如何对待两个群体的政策,投票者的歧视偏好可用 DC 来表示。投票者的歧视偏好的频数分布见图 5-1。每个政党都承诺:如果当选,就按某个 DC 值施政。每个投票者都把票投给承诺的 DC 值最接近自己的 DC 值的那个政党。显然,如果某政党承诺的 DC 值为 DC_1(图中中位数之右),则该值不可能是均衡点,因为承诺值为位于图中阴影 A 的任意 DC 值的政党得票都要比位于 DC_1 处的多;同样,如果承诺的 DC 值为 DC_2(图中中位数之左)处亦非均衡点,因为承诺值位于阴影 B 中的任意 DC 值的政党都将获得更多的投票。如此,只有中位值的 DC 才是唯一可能的均衡点。结果可想而知,因为运转良好的政治民主必然会执两而用中,在若干个极端的观点中进行折中。因此,中位数很自然就是折中的结果。

不过，要将这个模型应用到实际中并不很现实，除非考虑以下三个因素：(1)这种折中的DC值必须是投票者的DC值中的，并不是说这个DC值就是占人口多数的人的DC值（如，在某些国家，黑人和妇女是没有选举权的，他们对政策就无直接影响）；(2)个人的歧视偏好固然与政府行为有关，但也可能因人而异；(3)还必须假定每次选举只就一个问题进行投票——实际的选举往往不是这样，选民的投票往往是对多个问题的表态。

少数族裔很多时候对政府的政策所施加的影响很大，与他们的人口比例并不成正比，选举议题的"相互关联"或许是重要的原因。假设有三个阶级的投票者：W_1、W_2和N，就两个问题（问题甲和问题乙）进行选举投票，其中问题甲将决定对群体N的政府歧视值。假设W_1和W_2都认为问题乙更为重要，而对问题甲的看法迥异于N；N则认为问题甲即针对他们的歧视这个问题更为重要，而对问题乙的看法与W_1极为相近。候选人不可能获得群体W_1的大多数投票，但有可能获得W_1和N这两个群体的总投票人之和的大多数。倘若有一个平台可以使群体W_1就问题乙、群体N就问题甲即歧视问题各抒己见，则该候选人就有可能获得N的投票，且可能也会获得W_1的选票。即使群体W_1想要歧视群体N，他们也有可能会因更关注问题乙而在歧视问题上妥协。如此，即使群体N仍是少数族裔，即使群体W_1和W_2仍倾向对群体N施以更大的歧视，群体N对歧视问题的观点仍有可能变成政府的政策。

通过以上分析可以看出，美国南方的州政府对黑人极为歧视，因为这些州的黑人已被剥夺了选举权，美国南方的白人希望政府对黑人的歧视程度越大越好,这些州的种族关系问题是最为紧迫的问题之一。相反,在美国北方,政府对黑人的歧视程度就很低,因为这些地方的黑人有选举权,因而白人并不那么热切盼望州政府对黑人施加歧视,北方州的种族关系问题也并不是一个极为重要的问题。这种理论分析与南北方的州政府对黑人的实际态度颇为相符。

第六章 市场歧视

在前几章中,我们分别讨论了雇主歧视、雇员歧视、消费者歧视以及政府歧视。现实中的市场歧视是各个群体共同作用造成的市场歧视的总和。本章就此问题提出定理并探讨其意涵。

6.1 理论

假设某市场中所有的受雇要素要么可完全相互替代,要么可完全互补(即要素之间比例固定)。尽管由不完全替代要素导致的市场歧视值是介于这两种要素在完全替代时的同一歧视偏好值引起的市场歧视值与在完全互补时同一歧视偏好引起的市场歧视值之间的某个点(详见第四章),但对我们的研究来说,上述两种极端情形就足以说明问题。我们暂时假定,同一种要素的歧视偏好都是一样的,歧视的对象都指向群体 N,而 N 又是生产中可完全替代群体 W 的要素。

雇主歧视使得 N 的货币工资率 π_n 变为净工资率 $\pi_n(1+d_a)$,其中 d_a 代表雇主阶级的 DC 值。政府对 N 的直接歧视增加了雇用 N 的非工资成本,[98]将净工资率提高到 $\pi_n(1+d_a+d_b)$,其中 d_b 测量的是由于政府歧视而增加的成本。如果由 W 组成的工会由于歧视 N 而将 N 排除在外,且工会可对雇用了 N 的厂商施加非工资的成本,则净工资率将提高至 $\pi_n(1+d_a+d_b+d_c)$,其中 d_c 测量的是工会施加的新成本。设 $d_1=d_a+d_b+d_c$,则总净工资率就是 $\pi_n(1+d_1)$,该式涵括了雇主歧视、政府歧视和工会歧视的影响。

由本章附录,有

$$MDC=R\bar{d}=\frac{C_n\bar{d}}{m_1\pi_n},$$

其中 $\bar{d}$ 为雇主、政府、工会及所有对 N 施加歧视的互补性要素的 DC 值的均值;C_n 为每单位产出支付给 N 和所有歧视 N 的互补性要素的金额总和;而 R 等于 C_n 除以每单位产出支付给 N 的金额的值。这样,MDC 固然受歧视偏好(体现为变量 $\bar{d}$)的影响,但也受变量 R 的影响,而 R 又与歧视偏好基本无关,R 衡量的是生产过程中 N 的经济上的相对重要性。如果歧视偏好值既定,则 N 在经济上的相对重要性的增加会降低针对他们的市场歧视。

6.2 实证分析

6.2.1 美国南方与北方的对比

就广义而言,C_n 是指 N 及同一行业中与 N 一起工作的所有

---

[98] 例如,政府通常会对女工的工作时间和工种做出限制,这就意味着雇用女工将增加企业的成本。

互补性要素的收入。不过,这些只与 N 直接接触的要素(如原材料的销售员)很可能并不歧视或不倾向于歧视 N;因此,这些要素的 DC 值几近为 0。如此,C_n 就是指那些特定要素集——如那些对雇用了 N(很可能只是雇用了部分 N)的行业或该行业的企业增值有所贡献的要素——所获的收入。

就某个企业而言,通常会有若干道相互独立的不同工序。[99] 如果 C_n 指雇用了 N 的企业的增值总和,则对 N 的歧视就会使各企业为直接使用 N 的工序单独设立车间,从而使 N 与从事其他工序生产的要素区隔开来。由于其他要素并不与 N"一起工作",企业就不必给他们额外的"补偿",于是,由于雇用 N 而使得生产成本降低。换言之,针对 N 的歧视偏好值越大,企业就越会倾向于将某些工序分离出去,从而使得 MDC 值不会增加得那么快。第八章的分析将表明,就非白人遭受的歧视而言,美国南方要比北方严重得多,那么根据上述结论,美国南方的雇主会倾向于小企业的生产。

表 6-1 是 1947 年美国南方和北方 19 个行业的平均每个企业的附加值的平均值。第 4 列的数据表明,略微过半的行业里,美国北方的平均每个企业的附加值要更小。尽管这与我们的预期刚好相反,但须注意:第一,由于这些数据给出的是针对所有群体的

---

[99] 乔治·施蒂格勒最近有篇文章就强调指出,企业在产品生产中往往有不同的、多半是彼此不相干的工序。参见他的《劳动分工受限于市场程度》(The Division of Labor is Limited by the Extent of the Market)一文,载《政治经济学期刊》第 LIX 卷,1951 年 6 月期,第 185~193 页。

歧视的净值,因此北方对其他群体的较大歧视值会抵消南方对非白人的较大歧视值;第二,通过降低厂商的平均附加值、加大企业内部的隔离程度等手段,也可以使厂商的组织结构发生变化;第三,由于气候条件及其他方面的区域差异,每个行业的企业规模在不同地区之间会有差异,这样,即使不存在歧视,也会由于其他方面的原因使得企业规模大小不一。

表6-1 1947年美国北方和南方制造业平均每个企业的增值情况

行　业 (1)	平均每个企业的增值		
	美国北方 (单位:千美元) (2)	美国南方 (单位:千美元) (3)	第(2)列除以 第(3)列比值 (4)
食品类产品	247	167	1.5
烟草加工	224	1 616	0.1
纺织厂制品	474	1 186	0.4
服装类制品	131	255	0.5
木材	126	67	1.9
家具及家居产品	176	192	0.9
纸张类产品	632	1 220	0.5
出版印刷	159	96	1.7
化学品	504	630	0.8
石油、煤炭类	1 242	2 170	0.6
皮革制品	281	422	0.7
石材、黏土及玻璃制品	212	157	1.4
原料金属	1 062	1 175	0.9
金属制品	292	314	0.9

（续表）

机械产品(电力机械除外)	448	294	1.5
电力机械	1 004	592	1.7
运输设备	1 703	917	1.9
仪器类产品	435	166	2.6
杂项制成品	154	76	2.0
全部制造业	319	267	1.2

资料来源：美国普查署：《1947年美国制造业普查》(华盛顿特区：政府印刷品办公室,1947年)，第Ⅱ卷及第Ⅲ卷。除烟草加工业外,每个行业的增值都来自该普查报告的总计统计部分的表6。美国南方各个行业(烟草加工业除外)的企业数是由该普查报告第Ⅲ卷的表4中的各个南方州的企业数的加总而来,北方的企业数是由该普查报告总计统计部分的表2中的美国全国的总企业数减去南方州的企业数而来,烟草加工业的企业数是由普查报告第Ⅱ卷中有关烟草行业统计的表3估算而来。

如果与其他变量的差异相比,歧视的区域差异不大的话,则企业规模的区域差异就会被认为是理所当然,且歧视的影响需以其他方式来看待。例如,由于美国南方的歧视更严重,且住在南方的非白人人数更多,因而主要由小企业构成的行业的成本相对低：这些行业的雇主可避开由于雇用非白人员工而带来的成本,因为与其他行业相比,这些行业雇用非白人员工在工序上的隔离程度更大。[100] 从表6-1可以看出,在美国南方,大量资源将流向那些小

---

[100] 企业规模的差异要么体现在规模上,要么体现在生产工序的多少上。那些生产工序较少的小企业的歧视程度也相对轻；在讨论歧视程度与企业规模的关系时,往往这样假定：一般说来,小企业的生产工序也较少。施蒂格勒也是这样假设的："与此密切相关的是区位对企业规模的影响。在那些高度分工的行业里,单个企业可以专门生产那些种类少、功能较为单一的产品……在美国,那些区位集中的行业,往往都是小企业。"(前引书第192页。强调部分系笔者所加)

企业较多的行业,因为美国南方所有制造行业下的企业的平均规模要比北方小 20%,尽管北方的制造业中一半以上的行业的企业规模要小于南方。

6.2.2 美国南方不同行业的分析

只需看看美国南方所雇的非白人的行业分布状况,就可验证这种解释。由于雇用非白人成本较低,南方那些主要是由小企业构成的行业中的非白人员工更多。美国南方竞争性行业中非白人员工的相对数量与平均每个企业的价值增值之间的相关系数如表 6-2 所示。在这八类职业中,有七类职业的相关系数为负数,这说明,总的看,随着企业规模越大,所雇用的非白人的相对数量就越小。不过,尽管该系数所说明的问题与本理论相当一致,但该关系的强度稍嫌不足:八类职业中只有三类职业在 0.1 的显著性水平上不为 0,且只有一类职业在 0.01 的显著性水平上不为 0。

表 6-2 1940 年美国南方竞争性行业的非白人员工比例与平均每个企业的价值增值之间的关系

职业类型 (1)	相关系数 (2)
专门技术和半专门技术人员	−0.50*
管理人员及企业主	−0.14
职员及销售业工人	−0.10
技工及工头	−0.32
操作人员	−0.22
保安服务人员	−0.64**
其他服务人员	−0.48*
体力工	0.00

资料来源:这里所说的竞争性行业,其含义与第三章表3-1同。每个行业的每个职业类别的非白人员工比例的数据是根据《1940年人口普查数据》(华盛顿特区:美国政府印刷品办公室,1943年)第Ⅲ卷第一部分中的表82计算得出的。价值增加值及垄断行业的企业数取自《1947年美国制造业普查》(华盛顿特区:政府印刷品办公室,1947年)第Ⅱ卷;在全部行业的企业总数里减去垄断行业的企业数,就是竞争性行业的企业数。由于种种原因,此分析仍稍嫌粗糙:首先,这里的非白人比例的数据是1940年的,而竞争性行业的企业数及价值附加值却用的是1947年的数据;其次,汽车制造业和非铁金属制造业这两个行业的数据尚不完整,只好用近似值。

* 注:显著性水平为0.1。

** 注:显著性水平为0.01。

美国南方的纺织业企业雇用的非白人员工相对较少,这个事实常被提及,这或许有些奇怪,因为纺织业属高度竞争的行业,而与其他行业相比,竞争性行业对非白人的歧视程度要低(详见第三章)。之所以出现这种反常现象,是因为纺织行业平均每个企业的附加值较高,纺织行业每个企业的平均增值为1186美元,而美国南方的所有竞争性加工业的平均增值为267美元,而拥有大企业的行业对非白人的歧视比其他行业要严重。

循此分析思路,则垄断性行业所雇的非白人员工较少(见表3-1),因为美国南方的垄断性制造业的每个企业的平均增值四倍于竞争性行业。我们把每个行业的某个职业类别所雇用的非白人的相对数量作为因变量,将行业垄断程度和该行业每个企业的平均增值作为自变量,则通过对这两个变量进行多重回归分析,就可以得出垄断程度和企业规模的相对影响。为简化分析,使数据可以比较,我们将行业分为竞争性行业和垄断性行业两大类。我们还设置了一个数值只有0和1的虚拟变量:竞争

第六章 市场歧视

性行业记为 0,垄断性行业记为 1。在对技术人员及工头这一职业类别进行多重回归分析后发现,所雇用的非白人的相对数量与垄断程度之间的偏相关系数为 -0.28,所雇用的非白人的相对数量与企业规模之间的偏相关系数为 -0.25。从这些系数值可以看出,垄断程度越大或企业规模越大,受雇的非白人的技术人员及工头的比例就越小。不过,在 0.1 的显著性水平上,这两个偏相关系数都不够显著,尽管垄断程度比企业规模的影响稍大一点。[101]

6.2.3 零售业和制造业

企业规模对歧视的影响还可以从制造业和零售业中非白人的就业状况的比较中看出。一说到零售业,人们通常会想到一个个小店铺,这点也为数据所证实:制造业的单位厂房的员工平均数远大于零售业的单位店铺的员工平均数。[102] 美国南方竞争性制造业和零售业的非白人相对数量比较见表 6-3。该表第 4 列的数据表明,在每一职业类别中,零售业的非白人员工数量更

---

[101] 倘若增加一个表示垄断程度的精确变量,则这种相关系数会增大。本书第三章中提到的理论也许可以解释系数值低的原因。任何一个垄断行业的实际歧视程度可能会与所有垄断行业的平均歧视程度大不一致。在那些将垄断程度作为自变量的回归分析中,这种偏差就以无法解释的残差的面目出现,于是拉低了相关系数。这就是第三章中未用回归分析来比较垄断性行业和竞争性行业的歧视程度的原因之一。最后,正如脚注 100 所示,单位企业的附加值仅可大致测量每个企业的平均工序数,而更精准的量度有可能使相关系数增大。

[102] 1939 年,美国制造业平均每个工厂的工人数为 49.2,而零售业仅为 3.5(参见美国普查署《1939 年制造业普查》第 I 部分第 19 页,华盛顿特区:政府印刷品办公室,1942 年;美国普查署《1939 年的商业和零售业普查》之 I 第 I 部分第 57 页,华盛顿特区:政府印刷品办公室,1943 年)。

多一些。[103]

表6-3 1940年美国南方零售业和制造业中非白人男性雇员的相对数量

职业类别 (1)	零售业中的 相对数量* (2)	竞争性制造业 中的相对数量* (3)	第(2)列除以 第(3)列的比值 (4)	比值 排序 (5)
专门技术人员	0.022	0.009	2.56	3
企业主及管理人员	0.038	0.008	4.97	1
职员及销售人员	0.031	0.024	1.32	6
技术人员及工头	0.101	0.065	1.55	5
操作人员	0.525	0.136	3.86	2
保安服务人员	0.170	0.096	1.76	4
其他服务人员	1.191	1.020	1.17	7
体力工	1.212	1.046	1.16	8

资料来源：美国普查署：《1940年人口普查数据》（华盛顿特区：美国政府印刷品办公室，1943年），第Ⅲ卷表2。

* 注：这里的"相对数量"是指厂商所雇用的非白人的数量除以所雇白人数量的比值。

6.2.4 不同的专业技术类职业的分析

这种分析理路也部分地解释了何以黑人和白人选择了不同的职业。对黑人来说，由于他们比白人穷，他们要受到正式的教育就更为困难；工程师所受的学历教育时间要少于医师、牙科医生和律师，因而人们会想当然地认为，就专业技术类职业而言，黑人选择

---

[103] 零售业的雇主对非白人的歧视程度较低，部分原因是：零售业里雇主为非白人的比例多于制造业。不过，该原因造成的影响必定甚微，因为1939年的非白人零售业主数仅占零售业主总数的0.17%（美国普查署：《1939年的商业和零售业普查》，第9、54页）。

做工程师的会更多。但表6-4的数据表明,黑人当工程师的人数反而少于从事其他专业技术类职业者。大多数医师、牙科医生和律师都选择自己单干,而大多数工程师则是受雇于私人企业。[104] 就是说,工程师往往受雇于规模较大的企业,因而,即使针对所有黑人专业技术人员的歧视倾向的平均值都一样,黑人工程师所遭受的实际的歧视程度会更大,从而使得黑人不愿意选择工程师这个专业技术类职业。

表6-4 1940年和1950年美国的黑人和白人中担任工程师、牙科医生、医师、律师和法官的数量比较

专业技术类职业类别 (1)	黑人数量 (2)	白人数量 (3)	第(2)列除以第(3)列之比 (4)
1940年的数据(千人)			
工程师	0.3	254.1	0.001
牙科医生	1.5	67.8	0.022
医师	3.4	154.0	0.022
律师和法官	1.0	174.1	0.006
1950年的数据(千人)			
工程师	1.5	516.3	0.003
牙科医生	1.5	71.1	0.022
医师	3.8	175.8	0.021
律师和法官	1.4	172.7	0.008

---

104 1950年时,各专业技术类职业的单干(self-employment)比例状况是:牙科医生为88%,医师为67%,律师和法官为61%,而77%的工程师则受雇于私人企业(数据见美国普查署《1950年的人口普查》第Ⅱ卷表159)。

资料来源：美国普查署：《1940年人口普查数据》，第Ⅲ卷表82；《1940年人口普查数据》，第Ⅱ卷表159。1940年的数据中的男子全为有工作经历者（不包括应对公共紧急事件时的受雇者），而1950年的数据中的男子全为受雇的员工。

尽管获得牙科医生、机械师、律师等从业资格所要求的教育年限大致相同，但黑人从事牙科医生和机械师等专业技术职业的还是多于从事律师者。如果说存在歧视偏好，则这些专业技术职业的歧视偏好的差异也是彼此有关联的，如律师必须到白人法庭辩护。法庭成员就构成了互补性的要素，这在过去就是如此，如果他们偏好白人律师，则对黑人律师的需求就会减少。[105]

6.2.5 农业和城市职业分析

本分析方法还更多地用于对黑人农业从业者和城市职业的黑人歧视的比较分析。比如，与城市里单干的职业者不同，单干的农业从业者与其他经济要素的接触要少些，因而，针对黑人农业从业者的歧视应该也会少些。我们原本对农业中的黑人地位问题比较忽视，约瑟夫·威利特(Joseph Willett)对美国南方农业从业者的精细分析却提示了这个问题，[106]使得我们有可能将农业从业者的处境与城市职业的员工进行比较研究。

---

[105] 杜波依斯(W.E.B.DuBois)也有类似的结论，参见氏著《费城的黑人》(*The Philadelphia Negro*)，费城：宾夕法尼亚大学出版社，1899年，第114~115页。

[106] 威利特：《美国部分白人和黑人农业工人收入的比较研究》(A Comparative Analysis of the Earning of Some White and Negro Farmers in the United States)，《农业经济学期刊》(*Journal of Farm Economics*)，第38卷(1956年11月)，第1375~1384页。

6.3 消费者歧视

到目前为止,本章的分析理路中,对消费者歧视一直是忽略不计的,尽管消费者歧视在某些行业和职业类别——例如零售业和专业技术类职业——中相当重要。第五章的分析表明,消费者歧视可以将由 N 生产的产品的货币价格 P_n 变为净价格 $P_n(1+d_c)$,其中 d_c 为消费者的 DC。本章附录将证明

$$MDC \cong R(\bar{d}+d_c),$$

其中 R 和 $\bar{d}$ 的定义在本章第 6.1 节中已经介绍过。

第五章对住房问题的分析表明,消费者歧视可对某些个体的消费产生重大影响。上式则表明,消费者歧视不仅影响到某些个体的消费,还影响到他们的收入。非白人业主经营的零售业基本上只卖给非白人,零售业的这种普遍隔离现象表明,消费者歧视对零售业的就业状况起到了决定性的作用。某些消费者(如非白人消费者)可能对白人施加歧视,这会使得白人断了在零售业就业的念头。同样,某些消费者可能对非白人抱有歧视,这也会使得非白人不愿意从事零售业。零售业等行业的白人和非白人从业的分布状况不仅取决于对非白人抱有歧视的消费者的相对数量,也取决于非白人的相对供给量。

表 6-3 第 4 列的数据表明,零售业里的非白人从业人数要多于制造业。如果说净消费者歧视对非白人不利,那么这种歧视也会因零售业的店铺规模较小而大为减弱。结果固然有趣,但人们还是希望能更准确地估计这两股力量的相对重要性。如果我们假定消费者最歧视与他打交道最多的人,那么我们还是可以做出一

个大致的估算。

一般说来,在零售业中,消费者与专业技术职业者、企业主和管理人员以及职员打交道的次数要多于其与操作人员、技工和体力工打交道的次数。如果在头三类职业中,对非白人的净消费者歧视最大,则与制造业相比,零售业的头三类职业的非白人的相对数量应该是最小的;相反,如果对白人的净消费者歧视最大,则零售业中的白人的相对数量应该是最小的。表6-3第5列是第4列数值的排序:第4列的最大值记为1,次大者记为2,以此类推。排在第一位的是企业主及管理人员,专业(及半专业)技术类人员位列第三,职员(及销售人员)排第六,其序列值的平均值为3.33。如果零售业中存在净消费者歧视,则这三类职业的平均序列值3.33就与所有职业的平均序列值4.50相差较大。因为即使在0.1的显著性水平上,二者也相差不大,[107]因此,排序结果纯属偶然的原假设就不能拒绝。换言之,这种排序与下列假设是一致的:消费者歧视对零售业的非白人的数量没有净影响。

---

[107] 从一大小为 N 的总体中随机选取 m 个观察值,则当 N 和 m 趋向无穷大而 m/N 并没有变得更大,则这些观察值的排序的分布就接近状态分布。前面曾假设,从数值为8的总体中选出3个排序,其总和的分布接近状态分布。其单位正态偏差为

$$K = \left| \frac{3.33 - 4.50}{(1.25)^{1/2}} \right| = 1.04。$$

如果进行连续性校正,则 K 值会更小。参见沃利斯(W.A.Wallis)的《统计推断》(*Statistical Inference*)。该书为沃利斯在芝加哥大学的讲课记录,琼·罗伯茨整理,1950年,第306页。

6.4 某些专业技术类职业中的歧视

对于表6-4的数据,还有一种解释强调消费者歧视。与工程师这个专业技术类职业相比,牙科医生、药剂师及律师这些专业技术类职业中的黑人数量更多一些,这是由这些专业技术职业中存在对白人的净消费者歧视所致。对表6-4数据的两种解释都表明,在接受同样的培训和能力相同的情况下,黑人牙科医生的收入相对于黑人工程师而言,<u>往往</u>高于白人的相对收入。不过,那种强调消费者歧视的解释则暗示黑人牙科医生的绝对收入往往高于受到相同训练和相同能力的白人医生。[108] 由于相关收入数据不足,无法进一步检验这些解释。

对表6-4的数据的其他解释尚未得到检验。例如,这里已暗含地假设:黑人在接受为期一年的工程师或律师的训练相对于牙科医生或药剂师的一年训练所遇到的困难,并不比白人遇到的相对困难大。否则,从事牙科医生和药剂师的黑人会较多,因为入行门槛相对低。还有一种供给角度的解释,该解释假定:黑人对牙科医生和药剂师有更多的非货币偏好。这种解释暗示:这些专业技术类职业中的黑人收入与受到相同训练和相同能力的白人从业者收入相同。

不仅不同职业中的黑人和白人的收入数据有助于从这些假设

---

[108] 句中用"往往"这样的字眼来加以限定是必要的,除非牙医界的黑人和白人的供给量为牙医界收入的严格递增函数。关于这一点,参见本书第七章对此问题的概述。

中选出正确者,其他少数族裔群体的职业分布数据亦有所助益。有人估算了1938年俄亥俄州的犹太人的各个专业技术类职业的分布状况,见表6-5。其分布结果与1940年普查数据中的黑人专业技术类职业类别分布状况相似。该表的数据显然支持如下假设:歧视是影响黑人(以及犹太人)的相对职业分布的主要决定性因素。最令人震惊的是,工程界和建筑设计界的黑人和犹太人的相对数量远少于其他专业技术类职业的黑人和犹太人的相对数量。还有与该假设一致的一个事实,虽然并不显著:与其他专业技术类职业相比,医药界和牙医界的黑人和犹太人的相对数量要大些。

还有证据支持如下假设:黑人和犹太人的偏好也影响到他们的专业技术类职业分布。最令人震惊的是,俄亥俄州的这些专业技术类职业中的犹太人的相对数量约为其在该州的相对数量的两倍,而专业技术类职业中的黑人的相对数量则少于其在该州的相对数量。还有,在医药界,犹太人相对多些而黑人则较少。还有证据支持如下两个假设:犹太人教师的数量少于黑人教师,这可以解释为黑人比犹太人更愿意当老师,也可解释为非犹太的白人更不愿意教黑人(正如美国南方的情形所示),尽管他们也不喜欢教犹太人,结果是,要满足黑人的教学需求,就需要黑人教师。总的看,表6-5的数据表明,歧视和其他方面的偏好都是影响少数族裔群体的专业技术类职业分布的重要的决定性的因素。

表6-5 俄亥俄州各专业技术类职业中黑人和犹太人的相对数量

专业技术类职业类别	犹太人与非犹太人的比例	黑人与白人的比例
医师	0.088	0.018
牙科医生	0.092	0.022
律师	0.130	0.012
教师	0.013	0.016
药剂师	0.109	0.008
工程师	0.021	0.001
建筑师		0.004
以上所有专业技术类职业总计	0.048	0.011
所有职业	0.026	0.040

资料来源:表中黑人和白人的数据指的是所有的男女雇员,数据来自《1940年的人口普查:劳动力状况》(华盛顿特区:政府印刷品办公室,1943年)第Ⅲ卷四部分中的表13。犹太人和非犹太人数据是莱文杰(L. S. Levinger)于1938年估算的结果,参见他的《俄亥俄州自由职业者中的犹太人》(Jews in the Liberal Professions in Ohio)一文,载于《犹太社会研究》(*Jewish Social Studies*)第Ⅱ辑第401~434页,1940年。

6.5 歧视偏好的差异

本章诸等式均假定:同一类要素的成员的歧视偏好是相同的;如果这些要素的歧视偏好不同,则每种要素均可见于DC的频次分布。本章附录中式(A1)至式(A11)中的DC不再表示不同要素的歧视偏好,而仅表示那些既可与N一起工作又可与W一起工作的"边缘人"(即完全无差异者)的歧视偏好。已有的分析表明:每一边缘人都是由自身的某些经济变量决定的,歧视偏好的离差和N的相对供给数得到重点强调。在所有分布中的离差的增大或N的相对供给的增加,都会使边缘人的DC值变大,从而使均衡的MDC值也增大。如果同一要素的各个成员的歧视偏好相同(亦即离差为0),则 N 的相对供给的任何变化对均衡的 MDC 值均无影响。

本章附录

1. 设有 K 个意欲歧视群体 N 的互补性要素,生产单位产出需要这些互补性要素中的每一个要素的 $m_i(i=2,k+1)$ 单位与 m_1 单位的 N 或 W 一起合作。与 N 合作生产一单位的产出需要的净成本为

$$C'_n = m_1\pi_n(1+d_1) + m_2\pi_{2n} + m_3\pi_{3n} + \cdots m_{k+1}\pi_{k+1,n} + C;$$

与 W 合作生产一单位产出需要的净成本为

$$C'_w = m_1\pi_w + m_2\pi_{2w} + m_3\pi_{3w} + \cdots m_{k+1}\pi_{k+1,w} + C,$$

其中 C 为生产中的其他成本。在不存在消费者歧视的情况下,则当且仅当 $C'_n = C'_w$ 时亦即

$$m_1\pi_n(1+d_1) + m_2\pi_{2n} + \cdots + m_{k+1}\pi_{k+1,n} = m_1\pi_w$$
$$+ m_2\pi_{2w} + \cdots + m_{k+1}\pi_{k+1,w}$$

或 (A1)

$$m_1(\pi_w - \pi_n) = m_1\pi_n d_1 + m_2(\pi_{2n} - \pi_{2w}) + \cdots$$
$$+ m_{k+1}(\pi_{k+1,n} - \pi_{k+1,w}),$$

N 和 W 才能充分就业。

尽管替代要素和互补要素都对有 N 有歧视偏好,但完全替代要素对 N 的歧视偏好只是导致市场隔离,却并不导致歧视(详见第四章),因此这里可暂时忽略完全替代要素的影响。当且仅当与 N 一起工作时的负效用恰可为更多的货币收益抵消时,每种互补

性要素无论是与 N 一起工作还是与 W 一起工作,都将是无差异的,即

$$\pi_{in}(1-d_i)=\pi_{iw} \text{ 或 } \pi_{in}-\pi_{iw}=d_i\pi_{in}(i=2,\ldots,k+1)。 \quad (A2)$$

将式(A2)代入式(A1),然后等式两边都除以 $m_1\pi_n$,有

$$\frac{\pi_w-\pi_n}{\pi_n}=MDC=\sum_{i=1}^{i=k+1}\frac{m_1\pi_{in}d_i}{m_1\pi_{in}}, \quad (A3)$$

其中 $\pi_n\equiv\pi_{1n}$。支付给 N 和所有歧视 N 的要素的单位产出的总货币收益为

$$C_n=\sum_{i=1}^{i=k+1}m_i\pi_{in}。$$

设 $\bar{d}$ 为各个互补性要素、雇主、工会、政府的加权平均的 DC 值,每一种互补性要素的 DC 值均根据其在生产过程中的重要性而赋予不同的权重,d_1 为根据 $m_1\pi_n$ 加权后的 DC 值。即

$$\bar{d}=\sum_{i=1}^{i=k+1}\frac{m_i\pi_{in}d_i}{C_n}。$$

如果所有群体的 DC 值相同,则 $\bar{d}=d_i=d$。将这些等式代入式(A3),有

$$\text{MDC}=\frac{C_n}{m_1\pi_n}\bar{d}=R\bar{d}。 \quad (A4)$$

2.当且仅当

$$P_n(1+d_c)=P_w \quad (A5)$$

时,消费者才认为由 N 生产(或销售)的产品和由 W 生产(或销售)的产品是无差异的。当且仅当使用 N 与使用 W 的单位净成本之差等于单位价格之差时,雇主才认为使用 N 和使用 W 是无

差异的。设单位净成本分别为 C'_n 和 C'_w，则该条件就是

$$C'_n - C'_w = P_n - P_w \text{。} \tag{A6}$$

将式（A1）代入式（A6），移项，有

$$m_1(\pi_w - \pi_n) = m_1\pi_n d_1 + m_2(\pi_{2n} - \pi_{2w}) + \cdots$$
$$+ m_{k+1}(\pi_{k+1,n} - \pi_{k+1,w}) + m_{k+2}(P_w - P_n) \tag{A7}$$

其中 $m_{k+2} \equiv 1$。

将式（A2）和式（A5）代入式（A7），两边都除以 $m_1\pi_n$，有

$$\frac{\pi_w - \pi_n}{\pi_n} = \text{MDC} = \sum_{i=1}^{i=k+1} \frac{m_i \pi_{in}}{m_1 \pi_{1n}} d_i + \frac{P_n}{m_1 \pi_{1n}} d_c \text{。} \tag{A8}$$

由式（A4），有

$$\text{MDC} = R\bar{d} + \frac{P_n}{m_1 \pi_n} d_c \text{。} \tag{A9}$$

如果 $C_n (= m_1 \pi_n R)$ 为厂商在雇用 N 进行生产时每单位产出的要素总收益，则 $\dfrac{P_n}{m_1 \pi_n} = R + d_1$，于是

$$\text{MDC} = R(\bar{d} + d_c) + d_1 d_c \text{。} \tag{A10}$$

如果 d_1 和 d_c 的值极小，则二者之积就是"二阶极小值"，则式（A10）就可以表示为

$$\text{MDC} \cong R(\bar{d} + d_c) \text{。} \tag{A11}$$

例如，如果 $\bar{d} = d_c = d_1 = 0.2, R = 4$，则 MDC $= 4 \times (0.2 + 0.2) + 0.04 = 1.64$。由式 A11，则 MDC 值为 1.60，二者相差不到 3%。由于式 A11 的计算结果与式（A10）的结果极为相近，因而有时会用式（A11）代替式（A10）来进行一些计算。

第七章　针对非白人的歧视(上)

关于不同群体或类别(如不同职业、宗教信仰、教育程度等)的成员的数量与其收入之间的关系,很多证据表明二者存在着一定的关系。本章即尝试从这些数据中析取有关不同分类群体的歧视变量信息以及他们的歧视偏好程度的信息。第六章对表6-3和表6-4数据的讨论表明,要对此类数据做出合理的解释,诚非易事,因此,或许最好的办法是先厘清其一般的理论问题,而不是陷入如何证明的窠臼不能自拔。

7.1　理论

设有生产中可完全替代的两个群体 N 和 W,其成员寻求在 A、B 两类职业中之一就业。每一类职业对 N 和 W 的需求量之比等于付给二者的工资率之比。假如不存在歧视,则在相对工资率为 1 的情况下,对 N 的相对需求将是无限弹性的;歧视的存在,使需求曲线的位置及斜率发生了变化。受雇于职业 A 和 B 中的 N 和 W 要与生产中的各种要素一起工作,如果同一种要素的所有成员的 DC 值相同,则对 N 的相对需求也是无限弹性的,因为对 N 的相对需求的变化并不能改变其相对工资率。只要将这些 DC 值和 N 的经济重要性代入第六章附录中的式(A10),就可看出需求曲线的高度。如果同一种要素内的成员的 DC 值不同,则需求曲线的斜率就为负值,且此斜率的绝对值就是这些 DC 值之差的增函数。在图 7-1 中,两条曲线分别表示职业 A 和 B 的需求曲线,纵轴表示每一职业类别中 N 和 W 的工资率之比,横轴表示每一职业类别所雇用的 N 和 W 数量之比。由于 B 的需求曲线总是高于 A,因此可以说 B 的歧视程度一律高于 A。

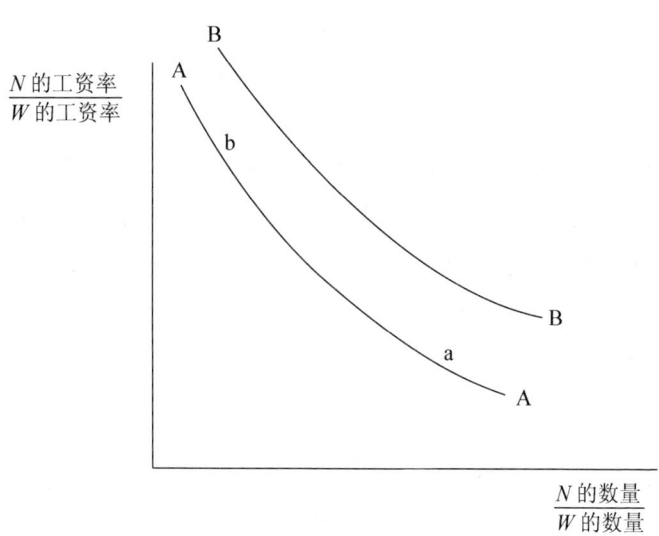

图 7-1 不同职业对 N 的相对需求

图 7-2 的纵轴表示职业 A 与职业 B 中 N(或 W)的工资率之比,横轴表示职业 A 与职业 B 中 N(或 W)的供给数量之比。曲线 NN 和 WW 分别为 N 和 W 对职业 A 的相对供给。由于曲线 WW 位于曲线 NN 之右,因此可以说 W 比 N 更易流动至职业 A。

如果职业 A 和 B 对 N 的相对需求曲线相同,则这两类职业的

第七章 针对非白人的歧视（上）

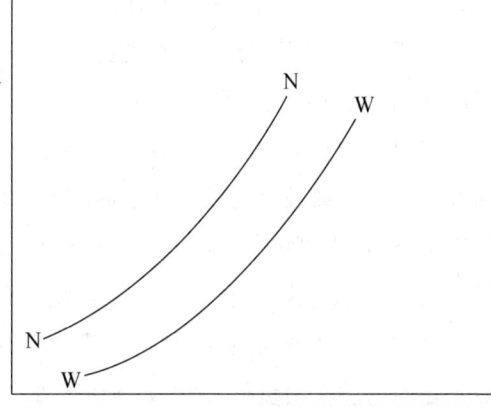

图7-2 N和W对不同职业的相对供给

工资率和就业数据可用如图7-1曲线 AA 或 BB 这样的斜率均为负值的曲线上的两个点表示。如果曲线 AA 为职业A和职业B的需求曲线，点 a 和点 b 就可以分别表示职业A和职业B的工资率和就业数据。由于点 a 位于点 b 之右，因此N必定比W更容易流向职业A；根据图7-2，曲线 NN 必定位于曲线 WW 之右，因为当且仅当N所供给的劳动中为职业A所用的比例大于为职业B所用的比例，点 a 才能位于点 b 之右，这就意味着N的劳动中为职业A所用的比例更大。[109] 因此，职业A中N的相对工资率小于职业B中N的相对工资率，但相对多的N进入职业A。只

---

[109] 也就是说，如果 $\frac{N_a}{W_a} > \frac{N_b}{W_b}$，则 $\frac{N_a}{N_b} > \frac{W_a}{W_b}$，其中 N_a 为职业A中N的数量，余此类推。

有 N 比 W 更容易流向职业 A 时,才会出现这种情况。[110] 如果曲线 NN 接近曲线 WW,则点 a 会接近于点 b;如果曲线 NN 与曲线 WW 重合,则点 a 也会和点 b 重合。

如果经过点 a 和点 b 的直线的斜率为正,则对 N 的相对需求曲线会在该直线较低的点所代表的职业为低。点 a 和点 b 之间的斜率为正,这点可由 N 和 W 的流动性是相同的这个假设而知;[111] 斜率为负值意味着 N 更容易向该直线位置较低的点所表示的职业类别移动。要获得更多的信息,就需要有其他假设,如:点 a 和点 b 之间的斜率为负值,是否意味着职业 A 和职业 B 对 N 的相对需求曲线是不同的?要回答这个问题,就需要知道职业 A 和职业

---

[110] 设 $\pi_n(A)$ 为职业 A 中 N 的工资率,$\pi_n(B)$ 为职业 B 中 N 的工资率,$\pi_w(A)$ 和 $\pi_w(B)$ 分别为职业 A 和 B 中的 W 的工资率。由

$$\frac{\pi_n(A)}{\pi_w(A)} < \frac{\pi_n(B)}{\pi_w(B)},$$

有

$$\frac{\pi_n(A)}{\pi_n(B)} < \frac{\pi_w(A)}{\pi_w(B)}。$$

不过,更多的 N 向职业 A 流动。当然,这种情形只有在 N 比 W 更愿意流向职业 A 的情况下才会出现。

[111] 如果曲线 NN 和曲线 WW 重合,且对 N 和 W 的相对需求曲线分别由 AA 和 BB 给出,则点 a 位于左边,且在点 b 下方。由图 7-1,如果点 a 位于点 b 之右,也就意味着点 a 位于点 b 的下方。因此,

当 $\frac{N_b}{W_b} < \frac{N_a}{W_a}$,则 $\frac{\pi_n(B)}{\pi_w(B)} > \frac{\pi_n(A)}{\pi_w(A)}$;

亦即

当 $\frac{N_a}{N_b} > \frac{W_a}{W_b}$,则 $\frac{\pi_n(B)}{\pi_n(A)} > \frac{\pi_w(B)}{\pi_w(A)}$,

这与 N 和 W 对职业 A 的流动倾向是相同的这个假设矛盾。因此,点 a 不可能位于点 b 的右方;同理可证,点 a 位于点 b 的上方。

B 的需求弹性。同样,只有知道需求曲线的数值信息,才能估算出 N 和 W 的需求曲线之间的差异。[112]

表 7-1 1939 年美国不同的居住地、就业时间长短等方面的
非白人与白人的人数之比以及非白人男子与白人男子的收入之比

地区(1)	城市				农村			
	就业 12 个月(2)		就业不足 12 个月(3)		就业 12 个月(4)		就业不足 12 个月(5)	
	收入比率	人数比率	收入比率	人数比率	收入比率	人数比率	收入比率	人数比率
东北部地区	0.590	0.038	0.676	0.042	0.574	0.013	0.753	0.020
中北部地区	0.576	0.044	0.659	0.057	0.625	0.011	0.568	0.020
南方	0.411	0.274	0.519	0.439	0.369	0.298	0.581	0.387
西部	0.543	0.034	0.616	0.040	0.599	0.026	0.692	0.053

资料来源:莫顿·泽曼:《1939 年美国白人与非白人之间的收入差距的量化分析》(芝加哥大学经济系 1955 年博士学位论文,未出版),表 8 和表 10。

7.2 地区差异、居住地(城市/农村)差异及就业程度差异与歧视问题

莫顿·泽曼(Morton Zeman)在其博士学位论文中给出了 1939 年美国各个职业类别的白人和非白人的平均薪资收入的数

---

112 这个问题类似于经常遇到的下列问题:从一个价格—数量分布图中确认供给和需求弹性以及供需的移动。虽然二者均为"如何确认的问题",但我们的问题更为复杂,因为供给和需求均由不同的相对价格变量所决定。

据(见表 7-1)。[113] 表 7-1 的数据表示不同地区、居住地(城市/农村)及各种就业状态(就业 12 个月/就业不足 12 个月)的非白人男子的相对数量和收入状况。这些数据明确提示了美国南方等地区的城乡之间和不同就业状况(临时性就业/长久性就业)之间的相对歧视程度。由于这些数据是总括性的,未考虑年龄、教育程度、职业差异,因而暂不做定量分析。如果要进行简单的定性分析,则只需检验一个变量而将其他变量视为常数即可。在南方和其他地区的 12 组比较中,有 11 组数据表明:南方的非白人男子不仅收入更低,且人数更多。如果用图 7-1 来表示这 11 组数据,则经过每一组的点的直线应该是向下倾斜。仅有这些倾斜状况尚不足以拒绝"美国南方和其他地方对非白人的歧视程度是相同的"这个假设,但我们仍可以得出这样的结论:非白人比白人更容易流动(依照此处使用该名词的含义)至南方。[114]

将表 7-1 第 2 列与第 3 列、第 4 列与第 5 列的数据进行比较,可凸显就业状态这个变量。在半就业(partially employed)类别的 8 组比较中,非白人的收入更高、人数更多的就有 7 组。有的研究者认为,供职于临时性工作的人受到的歧视要小于长久性工

---

[113] 莫顿·泽曼:《1939 年美国白人与非白人之间的收入差距的量化分析》(*A Quantitative Analysis of White-Non-White Income Difference in the United States in 1939*,芝加哥大学经济系 1955 年博士学位论文,未出版)第 iii 章。

[114] 至少在美国南方、东北部和中北部地区,如果将非白人视为同质的,也不是没有道理,因为这些地区的黑人占了非白人人口的绝大部分(参见泽曼的博士论文,第 ii 章)。

作者,[115]这里的半就业者的数据支持了他们的观点。[116]

将表7-1第2列与第4列、第3列与第5列的数据进行比较,可凸显居住地(城市/农村)这个变量。如果用图7-1来表示这8组数据,则经过这些点的直线中,有5条直线的斜率为负值,其余3条直线斜率为正数。则这5组数据与城乡所受的歧视是一样的假设是一致的,有2组数据[117]表明在城市里就业受到的歧视要少些,还有一组数据[118]则表明在农村就业受到的歧视更少。由此不可能得出有关城乡歧视的相对数量的一般性结论。

7.3 不同职业中的歧视

设有K个职业,这些职业内阶级N(N可代表所有黑人、犹太人、女性等)的成员数比例相同。如果这K个职业中,生产过程中N的经济方面的相对重要性以及与N一起工作的各群体的平均DC值相同,则每一职业中N的相对工资也应当是相同的〔参见第六章附录之式(A10)〕。即使各个职业中N的比例相差较大,但只要与N一起工作的每个群体的所有成员的DC值相同,N的相对工资率仍是相同的。

---

[115] 例如,可参见唐纳德·杜威《美国南方工厂中的黑人》一文,载《政治经济学杂志》第LX卷(1952年8月),第285期。

[116] 半就业者主要有以下几种情形:(1)每周拿出一点时间来工作;(2)已失业若干星期,此前他们在临时性岗位上工作;(3)已失业若干星期,此前他们在长久性岗位上工作。如果半就业的白人和非白人的平均就业时间相同,且第(3)种情形并不重要或者属于第(3)种情形者的职业分布和种族分布与全就业者是一致的,则这些数据将表明,与临时性工作的就业者相比,长久性工作的就业者所受的歧视更严重。

[117] 指的是美国东北部地区的完全就业者和中北部地区的半就业者。

[118] 指的是美国西部的半就业者。

在前几章中,市场隔离和居住隔离的事实表明,与 W 的成员相比,群体 N 的成员对 N 的歧视程度要小些。因此,与 N 一起工作的某集团的所有成员的 DC 值不可能相同,因为 N 的成员的 DC 值小于 W 成员的。如果 N 与雇用了相当多的其他 N 的集团一起工作,则 N 可与该集团中的其他 N 一起工作,因为避免了来自 W 的更大歧视;反之,如果 N 与仅雇用少量其他 N 的集团一起工作,则必定遭受来自 W 的歧视。与其他职业中的 N 相比,那些雇用了极少量 N 的职业中的 N,很可能更愿意与其他 N 一起工作。如此,那些 N 的人数比例最大的职业中,N 的相对工资率反而是最低的,即使该职业中所有 W 的成员的 DC 值相同。如果 N 不施加歧视,且每个职业中都有一些 N,则 N 的人数相对来说最少的那个职业中的 N 的相对工资率将为 1,因为该职业中的 N 从不与 W 一起工作,因而就避免了来自 W 的歧视。如果某个职业群体中的 W(以及 N)的成员的歧视偏好不同,N 的人数比例与其相对工资率之间的负相关程度会增大。

不同职业类别中的黑人和白人的收入数据往往比较粗略,不那么可靠,不过,由这些数据仍能看出:不同职业中的黑人的人数比例与其相对收入之间呈正相关的关系。[119] 按照我们的分析思

---

[119] 如,有一组数据直接来自 1940 年的普查结果,见盖尔·约翰逊(D.Gale Johnson)《地域、社区规模、肤色和职业类别对家庭和个人收入的影响》〔Some Effects of Region, Community Size, and Occupation on Family and Individual Income,《收入与财富研究》(*Studies in Income and Wealth*)第 XV 卷,纽约:美国国家经济分析局,1952〕一文表 8。由 1939 年美国南方白人和黑人的工资和薪酬收入数据(依户主的职业类别进行区分),可得出城市家庭收入的中位数。由于有些家庭中的户主为女性,因而男性职业和女性职业混杂在一起;又由于表中提供的是家庭工资及薪酬总数,因而(接下页注)

路,要出现正相关的结果,只需假设:在那些雇用了少量 N 的职业中,N 的经济上的相对重要性更大或与 N 一起工作的 W 的成员的 DC 均值更大。

7.4 对唐纳德·杜威关于歧视的分析的评论

在一项有关南方产业的就业状况的有趣的研究中,唐纳德·杜威提出了两个"规律",来解释就业中的种族分布情形。这两个"规律"是:"第一,黑人工人几乎无法获得向白人工人发号施令的职位";"第二,通常情况下,在同一项工作中,黑人工人和白人工人不可能'并肩作战'"。[120] 杜威的研究不乏有用的洞见,很容易让人接受,不过,需要指出的是,这两条"规律"对于了解市场歧视来说,完全不相干。[121] 在同一项任务中,黑人如果不能和白人一起并肩工作,则黑人之间必须并肩工作,因此,第二个规律造成的结果是市场隔离而非市场歧视。[122] 黑人如果不能对白人发号施令,则只能对其他黑人发号施令。如果每一职业类别中的黑人的人数比例随职场等级的提高而有规则地下降,则第一个规律同样造成的后

(接上页注)户主的工资及薪酬收入与家庭其他成员的收入混在一起。另一组数据简介取自 1940 年的普查结果,见泽曼的论文(前揭书,附录 D)。根据每一职业类别的所有男子的工资薪酬的平均值,泽曼大致估算了美国北部和南方的每一职业类别的白人和黑人的工资薪酬平均值。不过,泽曼的估算值不可避免地存在误差,那些黑人雇员较少的职业里的黑人的收入尤其容易产生较大误差。

120 杜威,前揭书,第 283 页。
121 接下来的分析思路与本书第五章(第 5.2 节)很相似。在第五章第 5.2 节中,笔者认为,大多数白人家庭不愿意与黑人比邻而居,其结果是居住隔离而非居住歧视。
122 参见第四章第 4.3 节。

果也必定是隔离而非歧视。

由于某些职业中黑人人数极少,这些人数极少的黑人就只能和白人一起工作,因此就出现了针对黑人的市场歧视。[123] 如果黑人很难获得职业所需的教育程度或拥有职业所需的资本,如果白人控制的工会限制黑人的加入,如果白人不为黑人提供在岗培训,则在这些职业中的黑人人数就极少。[124] 总之,原因很多,各种各样的都有,但都与杜威总结的两个规律没有密切联系。

---

[123] 本书第二章第2.3节及该章附录也讨论过类似的问题。

[124] 杜威(前揭书,第286页)认为,与第二个规律相联系的是,由于员工必须接受在岗培训,黑人要获得白人占绝对优势地位的职业,真是难于上青天。但是,值得怀疑的是,在阻止黑人获得在岗培训经历这件事上,杜威发现的这两个规律是否起到了重要作用,因为有的雇主愿意对黑人进行岗位培训,他完全可以雇用黑人作为白人"师傅"的"学徒"。由于在职场金字塔中,学徒是低于"师傅"的,后者对黑人("学徒")的歧视并非这两个规律所致。

第八章 针对非白人的歧视(下)

在第六章,我们分析了收入与歧视偏好等变量之间的关系,如此,我们可以间接得到有关歧视偏好的信息。[125] 这方面的相关数据少得可怜,不仅数量少,而且质量也不高。幸运的是,最近泽曼汇集了白人和非白人的这方面数据,正是本研究所需。表8-1和8-2用到了泽曼的部分数据。这些数据给出了1939年美国不同年龄、不同教育程度和不同地区(北方和南方)城市白人男子和非白人男子的工资和薪酬收入的平均值。

8.1 年龄和教育程度差异

从表8-1中可以看出,美国南方所有的年龄—教育程度组合中,非白人的平均收入都少于白人,这种情形也几乎全部存在于美国北方和西部(只有一组年龄—教育程度类别例外)。这种收入差异往往被解释为歧视的直接结果,但是,我们不妨先讨论其他种种

---

[125] 相比之下,此前其他人的尝试多采用直接的方法,如问卷调查等。当被访者要求回答他们对其他人行为之类的问题时,他们的回答各不相同;而对有关歧视问题的回答结果也可能与其实际行为不一致。因此,要估算他们的歧视偏好,除了用直接的方法,还需要有间接的方法。

解释。如果劳动市场普遍存在买主垄断,且每个垄断买主对非白人的供给曲线比对白人的供给曲线更无弹性,则非白人的工资率要远小于白人的。不过,要说劳动市场的买主垄断是造成如此大的工资率差异的主要原因,则几乎不成立。[126] 还有一点也是不可能的:劳动市场的买主垄断程度以及/或者非白人与白人的供给弹性之差异,在美国南方远大于北方,且年龄—教育程度较高的类别远大于较低的类别。

表8-1 1939年美国不同地区、年龄和教育程度的城市男性非白人与白人的工资(或薪酬)之比

地区	年龄（岁）	教育程度（指受过正规学校教育的年数）						
		1～4年	5～6年	7～8年	9～11年	12年	13～15年	16年及以上
北方和西部	18～19	0.807	0.976	0.943	0.904	1.035	0.802	*
	20～21	0.949	0.767	0.751	0.761	0.769	0.842	*
	22～24	0.721	0.887	0.792	0.714	0.722	0.885	0.582
	25～29	0.794	0.855	0.728	0.659	0.666	0.597	0.681
	30～34	0.775	0.762	0.693	0.621	0.580	0.549	0.563
	35～44	0.783	0.718	0.613	0.536	0.509	0.535	0.460
	45～54	0.707	0.681	0.575	0.531	0.539	0.490	0.424
	55～64	0.703	0.685	0.614	0.507	0.590	0.594	0.448

---

126 邦廷(R.Bunting)的研究结果也支持这一看法,见氏著《地方劳动市场的雇主集中现象》(*Employer Concentration in Local Labor Market*,北卡罗来纳大学出版社,1962年)。

(续表)

南方	18~19	0.809	0.688	0.649	0.627	0.730	0.688	*
	20~21	0.905	0.700	0.696	0.611	0.567	0.608	0.501
	22~24	0.902	0.711	0.615	0.574	0.494	0.575	0.547
	25~29	0.817	0.689	0.592	0.509	0.482	0.461	0.550
	30~34	0.707	0.620	0.529	0.463	0.447	0.401	0.441
	35~44	0.650	0.526	0.474	0.451	0.374	0.363	0.400
	45~54	0.565	0.498	0.441	0.386	0.382	0.459	0.389
	55~64	0.595	0.539	0.481	0.406	0.394	0.489	0.390

资料来源：泽曼：《1939年美国白人与非白人之间的收入差距的量化分析》(芝加哥大学经济学系1955年博士学位论文，未出版)表15。

* 在18~21岁的非白人中，受过16年以上的学校教育的寥寥无几，因而无法计算有意义的非白人的平均收入。

还有一种观点认为，在教育程度相同的情况下，非白人获取经济收入的能力低于白人。还有一种类似的观点，强调非白人和白人的所受教育的"质量"有所不同，其结论就是，即使非白人和白人受教育程度相同，非白人拥有的通过教育投资于自身的资本较少，从而使得获取经济收入的能力低于白人。对于受教育较多者而言，对学校教育投入的资本占总收入的比例当然要大于那些教育程度较低者，因此，白人与非白人之间所受教育质量的差异，对于教育程度较高者来说比较明显，而对教育程度较低者就不那么明显，除非非白人所受教育的相对质量随教育程度的增加而提高。[127]

---

[127] 然而，非白人的教育质量不高这个现象，在大学和高中层次上要比小学层次更为明显。

因此,这种假设暗示了以下的说法:如果各个教育层次的白人的收入相同,则教育程度较低的非白人的收入要高于教育程度较高的非白人。在某些方面,非白人所受的教育质量确实不如白人,不过,这些数据又与如下说法矛盾,即教育质量的差异使得非白人的收入大为减少。泽曼计算了所有地区的年龄—教育程度类别里的非白人收入对白人收入的回归情形,他发现,白人收入几乎完全决定了非白人的收入,即如果有两个不同的年龄—教育程度的白人的收入相同,则这两个年龄—教育程度的非白人的收入也是相同的。[128]

在某一教育程度类别里,无论是白人还是非白人,其收入都随着年龄值的增加而增加,这是因为,随着年龄的增加,工作经验也随之增加。如果非白人的非市场经验的"质量"远低于白人,则在某个年龄—教育程度栏中,白人与非白人的收入差异是工作经验所致(这与市场歧视无关)。不过,如果有观点可以证明收入差异并非主要由教育质量差异所致,那么同理可证,这种收入差异亦非工作经验的"质量"之差异所致。

---

[128] 泽曼:《1939年美国白人与非白人之间的收入差距的量化分析》(芝加哥大学经济学系1955年博士学位论文,未出版)第 iv 章。相关系数为0.98,而表示年龄—教育程度的点偏离回归线的程度也很小(参见泽曼论文的图1和图2)。

表 8-2 美国不同地区、年龄和教育程度的当地城市的黑人与白人男性工人的工资或薪酬收入的百分比

地区	年龄（岁）	教育程度（指受过正规学校教育的年数）							全部
		1~4年	5~6年	7~8年	9~11年	12年	13~15年	16年及以上	
北方和西部	18~19	17.81	16.52	5.33	3.84	1.73	0.79	4.76*	3.40
	20~21	33.65	14.13	4.86	4.24	1.79	1.30	0.35	3.28
	22~24	36.65	19.52	5.02	4.33	1.82	1.81	0.41	3.45
	25~29	51.48	20.32	5.26	4.35	2.35	2.36	1.09	4.27
	30~34	49.41	25.32	5.86	3.90	2.36	2.59	1.31	5.11
	35~44	57.09	23.22	6.10	4.10	2.76	3.19	1.93	6.78
	45~54	36.04	15.21	4.74	3.52	2.77	2.80	2.26	6.41
	55~64	22.38	10.26	3.67	2.67	1.84	3.07	2.12	5.31
	全部	38.92	18.23	5.26	4.02	2.24	2.47	1.50	5.22
南方	18~19	147.85	97.89	43.74	23.58	7.46	7.17	—	34.22
	20~21	166.82	105.74	46.01	21.60	9.06	6.59	5.19	30.43
	22~24	197.76	103.71	41.36	19.67	9.10	7.59	5.57	29.41
	25~29	196.63	111.43	39.43	18.33	8.88	6.85	7.30	31.46
	30~34	204.20	97.87	32.08	16.37	7.53	6.66	7.62	32.71
	35~44	197.26	88.31	26.72	12.83	7.30	7.22	7.49	36.46
	45~54	118.10	47.26	15.28	9.68	5.58	4.79	7.94	26.28
	55~64	161.28	64.46	23.61	20.26	9.87	13.22	14.19	43.56
	全部	171.82	83.37	29.17	16.70	8.06	7.05	7.73	32.82

资料来源：泽曼，同上，表 15。

* 此种情形极为少见。

这种可观察的差异可能是由经验质量差异和教育质量差异的共同作用所致。在美国南方,22～24岁、受过9～11年教育的白人的收入与55～64岁、受过1～4年教育的白人相同。因此,如果说由于教育质量差异,22～24岁、受过9～11年教育的非白人的收入低于年龄在55～64岁、只受过1～4年教育的非白人,那么由于工作经验的质量差异,前者的收入应高于后者。那么,一般说来,如果教育质量差异和工作经验质量恰好可以相互抵消的话,则只要白人的收入都是一样的,则非白人的收入也是一样的。当然,大概也不可能真会出现这种情形,如果不是这样,且如果这些差异很重要,那么白人和非白人收入之间的联系就要弱得多。由于这个原因及其他原因,质量差异不可能是收入差异的主要的决定性的因素,尽管这可以构成次要的因素。

那些认为非白人的能力低于白人等观点是建立在先天能力、进取心、对休闲的偏好等差异的基础上的。就有限的证据看,对这些观点很难做出要么完全接受要么完全拒绝的选择。这些观点可以部分地解释收入差异,不过,要说歧视是最主要的解释(不管是直接的还是间接的),那倒有可能,本章后面的内容即依此假设而进行。

假设在同一年龄—教育程度类别里,白人和非白人在生产中可完全替代。在每一类别里,存在针对白人和非白人的供给和需求的计划,这些供需计划的交互情况的观察值见表8-1和表8-2(参见第七章)。各个类别和地区的相对歧视值的信息可通过计算每个地区的非白人的相对供给与其相对收入的回归情况得出。其公式是:

第八章 针对非白人的歧视(下)

$$\log \frac{N(\mathrm{ij})}{W(\mathrm{ij})} = a + b\log \frac{\pi_n(\mathrm{ij})}{\pi_w(\mathrm{ij})} + u,$$

其中 $N(\mathrm{ij})$ 为第 i 类年龄与第 j 类教育程度类别的非白人的数量，$\pi_n(\mathrm{ij})$ 为该类别的非白人的工资及薪酬收入，u 为随机变量。该方程取决于参数 a 和 b，其中 b 为 $N(\mathrm{ij})/W(\mathrm{ij})$ 对 $\pi_n(\mathrm{ij})/\pi_w(\mathrm{ij})$ 的弹性系数。其估算结果是：[129]

美国北方   美国南方
$\hat{a}_n = 1.75$ $\hat{a}_s = 1.52$
$\hat{b}_n = 0.074$ $\hat{b}_s = 0.137$

---

[129] 北方和南方的相关系数分别为 0.53 和 0.76，二者在 0.001 的显著性水平上均不为 0，且在 0.02 的显著性水平上，$\hat{b}_s$ 并不显著异于 $\hat{b}_n$。

18～19 岁的年轻人才刚刚成为长久劳动力，在此年龄段，他们对劳动市场的了解还比较少，对自身的职业倾向和职业愿望还不甚清楚。由于在此年龄段的人的行为易受各种偶然因素和随机事件的影响，因此，适当降低这些数据重要性是适宜的。此外，这样处理还出于以下原因：(1)那些受学校教育年限在 16 年及以上者数据阙如，其权重只能是 0。(2)那些受学校教育年限在 13～15 年的白人和非白人的平均收入均低于年龄在 18～19 岁、受较少学校教育的人群收入。这就说明，前者的收入部分来自兼职工作，如果大学里的非白人的工作时数多于白人，就容易形成偏见。(3)有一个看似矛盾的事实：在美国北方，受到 12 年学校教育的非白人的收入高于白人的；而且在下面将要讨论的统计分析中，部分分析也很难利用这个观察结果。由于上述原因，只好忽略所有 18～19 岁的人的数据。由于数据阙如，美国北方和南方的年龄在 20～21 岁、受学校教育 16 年及以上者也只好忽略，以便进行这两个地区的回归性比较。

在对分析进行部分检验时，需要对尽可能多的点进行回归分析，涉及所有类别的数据(除了年龄在 18～21 岁且受过 16 年及以上的学校教育者)。估算结果如下：

美国北方   美国南方
$\hat{a}_n = 1.75$ $\hat{a}_s = 1.52$
$\hat{b}_n = 0.074$ $\hat{b}_s = 0.137$
$r_n = 0.41$ $r_s = 0.70$

r_n 和 r_s 均显著不为 0，在 0.03 的显著性水平上，$\hat{b}_n$ 并不显著异于 $\hat{b}_s$。

由于弹性系数为正值,且教育程度较低的类别里的非白人数量相对多些,因而在教育程度较高的类别里,歧视值将更大(参见第七章)。在每一类别里,弹性系数 b 和截距 a 由供需交互函数得出。这些函数的参数表示的是每一类别里对白人和非白人的相对供需量以及供需弹性。我们对这些参数知之甚少,无助于解释 a 和 b 的观察值,不过,$\hat{b}_s$ 和 $\hat{b}_n$ 值相差不大,这说明美国南方和北方的相对需求、相对供给和弹性大致相同。至于 $\hat{a}_n$ 和 $\hat{a}_s$ 之间的差异,可用这两个地区的需求差异或非白人的相对数量的差异来解释。

8.2 地区差异

我们不妨深入探讨一下。表 8-1 以及 $\hat{a}_n$ 和 $\hat{a}_s$ 之间的差异都表明,美国南方几乎所有年龄—教育程度类别里非白人与白人的收入之比值都较小。对大多数读者来说这并不奇怪,因为长期以来,人们普遍承认,南方的非白人在经济上可谓每况愈下。但是对于造成这个问题的成因,人们并没有认真探讨过,因为人们往往会不假思索地、想当然地认为其原因在于南方人对非白人抱有更深的偏见。前几章的分析表明,影响市场歧视的变量,除了歧视偏好,还有其他变量,这些变量可分为两类:一类是通过歧视偏好表现出来,一类是与歧视偏好共同发挥作用。接下来,我将用几页的篇幅探究一下到底哪些变量在造成市场歧视的地区差异方面所起的作用更大。

第三、四和第五章的分析表明,垄断程度越大,工团主义影响越大以及政府歧视越大,则针对少数族裔的市场歧视就越大。虽然美国南方的州政府针对非白人做了更多的工作,但北方的工团主义影响更大,(可能的)垄断程度更高。工团主义和垄断对收入的影响不大,[130]而且也不可能将这种影响与州政府(及联邦政府)的影响进行比较,因为政府影响这个因素还从未被系统探讨过。

美国南方和北方每个行业的工厂或店铺的平均规模尚未表现出系统趋势,从而无法对南方和北方进行区分(参见第六章第6.2.1节)。如果工厂或商铺是基本的生产单位,就意味着在不存在歧视的情况下,生产过程中的每个职业群体的相对重要性都不会存在地区间的重大差异。因此,变量 R(参见第六章中的方程)的地区差异与其说是导致了歧视的地区间差异,不如说是后者的结果。

如果同一种要素的成员的歧视偏好不同,则即使所有成员的歧视偏好值不变,只要增加非白人的相对供给,都会导致针对非白人的均衡的市场歧视值增大(参见第三至六章)。

很多研究者断言,某个群体的相对供给的变化会引起均衡

---

130 参见沃伦·纳特《美国的企业垄断程度:1899～1939 年》(芝加哥:芝加哥大学出版社,1951 年);乔治·施蒂格勒《关于经济问题的五次讲演》(*Five Lectures on Economic Problems*,伦敦:朗曼—格林出版公司,1949 年)中的第五篇讲演;哈伯格尔(A. C. Harberger)《垄断与资源分配不当》(Monopoly and Resource Misallocation),载《美国经济评论集》(*Proceedings of the American Economic Review*)第 XLIV 卷(1954 年 5 月),第 77～92 页;弗里德曼《关于工会对经济政策的重要性的若干评论》,载赖特主编的《工会的影响》(纽约:哈考特-布雷斯出版公司,1951 年),第 204～234 页。

的市场歧视值的变化,其原因并不是相对供给决定了与歧视偏好相关的市场歧视,而是因为相对供给部分地决定了歧视偏好。[131] 他们的观点是,由于针对少数族裔的市场歧视在那些少数族裔人数较多的地区往往最严重,因而偏见(即对歧视的偏好)必定是少数族裔的相对供给的一个增函数。这种观点是错误的。本书自始至终强调,少数族裔的相对供给的变化可引起市场歧视值的变化,即使歧视偏好值不变。然而,相对供给可能会对歧视偏好产生影响,因而似有必要用经验数据估算一下这种影响。其他变量也可能会影响到歧视偏好,但不可能对它们分别进行探讨。

我们不妨先探讨这样一个问题:市场歧视中的地区差异是否由与歧视偏好有关的非白人的相对供给的地区差异引起的?如果每个地区、每个年龄-教育程度类别中对非白人相对需求曲线相同,则颇易凸显这种地区差异,因为同一地区的不同年龄-教育程度类别之间的市场歧视差异是由这些类别里的非白人的比例差异造成的。从本章开头的分析可知,不同年龄-教育程度类别之间的相对需求曲线差异较大,因而必须找到一种更为间接的方法。我们假定所有年龄-教育程度的地区间的歧视偏好差异是均匀的,换言之,地区间的歧视偏好是成比例的。如果每

---

[131] 持此观点的有:戈登·奥尔波特《偏见的实质》(马萨诸塞州剑桥:埃迪森-威斯利出版社,1955年),第227页;威廉斯《缓和群体间的紧张关系》(社会科学研究委员会,1947年),第57页;萨恩格《偏见的社会心理学》(纽约:哈珀-布罗斯出版社,1953年),第99页;1954年11月18日《商业周刊》(*Business Week*),第9版。

第八章 针对非白人的歧视(下)

个地区的两个不同的年龄-教育程度类别里的非白人的比例相同,且每一年龄—教育程度类别里南方的均衡的 MDC 为其他地区的 k 倍,则南方的均衡 MDC 必然为北方的 k 倍。本章前半部分的回归计算结果支持了该假设,南方与北方数据的回归结果本质上仅有高度上的差异。非白人收入对白人收入的回归也仅在高度上有差异。[132]

如果我们用 $MDC(ij,r)$ 来表示 r 地区(对北方,r=n;对南方,r=s)的年龄为 i、教育程度为 j 的 MDC 值,设

$$Y(ij) = \frac{MDC(ij,s)}{MDC(ij,n)}。$$

如果 $N/T(ij,r)$ 为 r 地区(对北方,r=n;对南方,r=s)的年龄为 i、教育程度为 j 的类别里的非白人数量与总人数的比值,设

$$X(ij) = \frac{N/T(ij,s)}{N/T(ij,n)}。$$

如果歧视偏好不存在地区差异且市场歧视在很大程度上取决于该类别的非白人的比例,则当 $X(ij)$ 增大,$Y(ij)$ 也增大;当 $X(ij)=1$,$Y(ij)=1$。于是就有函数 $Y=F(x)$,且 $F'(x)>0$,$F(1)=1$。可是,如果地区间的歧视偏好差异很大,且非白人的比例对市场歧视无影响,则 Y 的变化与 X 无关,Y 值完全取决于歧视偏好的地区差异。也就是说,此时 Y 与 X 之间的相关系数为 0,因为 $Y=F(x)\equiv C>1$。在非极端的情形里,地区间的歧视偏好差异

---

[132] 泽曼,同上,图1和图2。

和非白人的比例都很重要,即 $F'(x) > 0, F(1) > 0$。[133]

在挑选模型时,我们不可主观随意、漫不经心,不可仅凭想当然就选择一个模型。不过,我们可以利用表 8-1 和 8-2 的数据来求得他们相对值的某种量化关系。X 和 Y 的观察值可由这些数据算出;利用最小平方方法,这些观察值可表示为线性函数 $F = a + bX$。据此,我们得出的估算值分别是:$\hat{a} = 2.01, \hat{b} = -0.02, r = -0.06$,其中 r 为相关系数。[134] $\hat{b}$ 和 r 的值都极小且并非显著不为 0,实际上,如果相关系数真的为 0,则 r 的绝对值至少为 0.06 的概率在 0.6 以上。b 和 r 的估算值不仅极小,而且也不显著,这说明在每一年龄—教育程度类别中,非白人的比例对市场歧视值的影响极小。$\hat{b}$ 大概是负数,因为随机力量的负向影响大于人数

---

[133] 我们已假设 Y 值大小只取决于 X 而不取决于 N/T(ij, n) 或 N/T(ij, s)。如果每一年龄—教育程度类别里的相对需求曲线的弹性值不变,则该公式无疑是完全合理的。

[134] 在本章第一节的回归分析的计算中,类别相同的就忽略不计,所用的赋权重的方法是相同的(见第 8.1 节的计算结果)。由所有数据计算而来的回归结果是:$\hat{a} = 2.28, \hat{b} = 0.03, r = 0.02$。

在为数据设置恰当的函数式时,有一个常见的问题。如果相对需求曲线的弹性值不变,则我们就可以建立一个 log Y 对 log X 的回归,即,我们可以建立一个函数
$$\log Y = a' + b' \log X.$$
其估算结果为:$\hat{a}' = 0.19, \hat{b}' = 0.10, r = 0.10$。$r$ 的值稍大于简单线性函数的计算结果,但 $\hat{b}'$ 和 r 仍不够显著,即使在 0.4 的水平上亦如此。由所有数据而来的回归计算结果为:$\hat{a}' = 0.16, \hat{b}' = 0.23, r = 0.17$。$b'$ 和 r 的估算值变大,但在 0.2 的水平上仍不够显著。

比例的任何正向影响。[135] 如果人数比例没有发生影响,则市场歧视的地区差异就完全是由歧视偏好的地区差异导致的。而后者的估算可通过构建一个 $Y=c$ 的函数式并将各 Y 的观察值代入计算

---

[135] 这种解释得到了如下事实的支持:所有 b 的其他估算值均为正;在注 9 中,b 的估算值为 $+0.03$,b' 为 $+0.1$ 和 0.23。负值的 b 是仅有一个,即图 8-1 中的标示为 △ 的那个点。如果该点忽略不计,则 b 的估算值将为 $+0.03$。

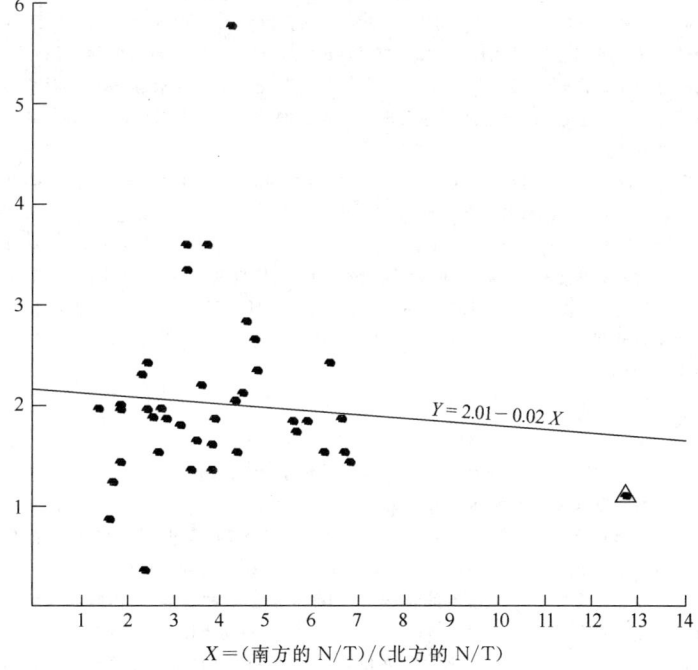

图 8-1　1939 年美国各个年龄—教育程度类别中非白人男子的相对数量与相对市场歧视之间的散布图

得出。利用最小平方方法可以算出 $c=1.91$。[136]

由此还可以得出一个结论:在某个年龄—教育程度类别中,非白人的比例对该类别中的市场歧视几乎没有影响;换言之,在每一类别中,对非白人的相对需求都是弹性的。[137] 由于市场歧视的地区差异并不能用非白人的地区分布状况来解释,则这种差异只能由歧视偏好的地区差异来解释。平均而言,美国南方人的歧视偏好值为北方的近两倍。[138]

---

[136] 此估计值的标准误差为 0.12。在 95% 的置信度下,c 值将在 1.91 ± 0.24 的区间变动。正文的讨论限于线性函数,几个线性的重要偏差往往会给 c 的估计值带来较大的标准误差。由于 1.91 是 0.12 的约 16 倍,则线性函数和非线性函数均可对这些数据进行拟合。散布图 8-1 也清晰地表现了这点。如果所有的数据均可用,则 c 的估算值将为 2.40。

[137] 在测量各个年龄—教育程度类别里的白人和非白人的收入与人数时,会产生很大的误差。由于 X 和 Y 为各自收入和人数值的复杂商,X 和 Y 的测量误差很可能更大。Y 的随机误差使得相关系数值变小,但并没有使斜率 b(以及弹性 b')的估计值发生变化;而 X 的随机误差则既使相关系数变小,又使得斜率 b(以及弹性 b')的估计值变小。因此,人数比例对市场歧视的影响被系统地低估了,且这种被低估的程度越大,则 X 的误差就越大。斜率 b 和弹性 b' 的偏斜程度就无法估计,除非对 X 的误差能够做出合理的估计。

[138] 第六章的式 A11 显示,针对任何群体的 MDC 可由下式估算:

$$MDC \cong R(\bar{d} + d_c) \equiv 2Rd,$$

其中 d 为与该群体一起工作的所有要素、雇主、购买此群体生产的产品的消费者的平均歧视偏好。如果有两个群体的 R 值相同,则针对这两个群体的 MDC 的比值等于针对这两个群体的平均歧视偏好值的比值。美国南方的 MDC 与北方的 MDC 值的比值为 1.9,这个结果也往往被认为是歧视偏好值的平均比值。这种估计值仅是一近似值,理由是:(1)由于测量的随机误差的存在,比例作用的影响被低估了,而歧视偏好的地区间差异则被高估了。(2)就每一行业的工厂/商铺的平均规模而言,南方与北方没有明显的系统趋势从而将南方和北方区分开来。如果美国南方和北方的歧视偏好值是相同的,则 R 的平均值也差不多是相同的。但是,由于南方的歧视值大于北方,南方的生产者更愿意专门从事那些较小市场单位的行业(第六章表 6-1 就是证(接下页注)

在本书第三章,我们已经得出这样的结论:美国南方的竞争性行业的雇主的歧视值远小于垄断性行业的雇主,但这未必就与以下结论不一致:非白人比例的地区差异不会直接导致市场歧视的地区差异。例如,如果雇主阶级的歧视偏好各不同,如果所有的受雇要素和消费者的歧视偏好是相同的,如果每个厂商的供应曲线都是垂直的,如果雇主歧视只占市场歧视的很小的比例,则这两项差异就是一致的。如果非白人的相对供给翻一番,则雇主歧视值会大为增加,但对市场歧视的影响甚小。[139]

8.3 非白人人数对歧视的影响

歧视偏好的地区差异是存在的,这个结论可以"解释"市场歧视的地区差异,但也带来了"如何解释"歧视偏好差异这个新问题。很多解释都强调这一点:由于美国南方曾经有过的奴隶制,美国南方对黑人的厌恶感业已制度化,而美国内战使得很多南方人遭受

(接上页注)明),从而使得南方的 R 的平均值变小。(3)另一方面,歧视降低了非白人与和非白人一起工作的要素之间的工资率的比值,从而使得 R 值变大。这两个变化是反方向的,由歧视的地区差异引起的 R 值的净地区差异并不像这两个变化中的某一个单独发生作用时导致的差异那么大。

[139] 其他假设的结果也与此一致。假设每个厂商的生产函数均为一阶齐次的,雇主歧视构成了市场歧视的很大比例,几乎所有雇主的歧视偏好值相同(除了极少数的雇主的歧视偏好小得多)。非白人的相对供给的变化并不能对市场歧视有很大影响,但竞争性行业中的歧视仍远小于垄断性行业。不过,如果此分析思路不变,那么,非白人的相对供给的变化会使得雇主歧视值大为增加以及雇主歧视占了市场歧视很大的比例的说法就是不可信的了。

损失。[140] 这里,我想验证一个与此不同的假说,当然,该假说也见诸相关研究文献中。[141] 当然,这两个假设是有联系的,但却暗含了不同的实证方法。其中这里所用到的假说即假定:针对非白人的歧视偏好值随非白人占社区中的人口比例而变化,因此,在美国南方,针对非白人的歧视值要更大,因为南方的非白人更多。

要对此假说进行实证验证,其中的一个障碍就是,要找到一个大小合适的"社区"甚为困难。某个人对非白人的歧视主要是由与他一起工作的非白人的相对数量决定的吗?抑或由他所在社区、县、州、地区或者说一个更大的社会地理学区域内的非白人的相对数量决定的?我们不妨选取美国普查局划定的标准大都市区(SMA)的人口为例,集中探讨这样一个问题:他们的歧视是否受该标准大都市区内的非白人的比例影响。

表8-3的第2列和第3列给出的是1949年美国南方所有标准大都市区的白人男子和黑人男子的收入中位数,第4列给出的是黑人男子和白人男子收入的百分比差异,第5列给出的是每个标准大都市区的非白人的人口比例。第4列和第5列的相关系数为+0.73(决定系数为0.53)。

---

[140] 可以毫不夸张地说,持此种观点的资料可谓成百上千,参见冈纳·缪尔达尔(Gunnar Myrdal)《美国的两难困境》(*The American Dilemma*),纽约:哈珀-布鲁斯出版公司,1944年,第28章。

[141] 见注释131。

表8-3 1950年美国南方标准大都市区(SMA)的非白人的相对人数、收入和教育状况及其与白人的对比

标准大都市区(1)	白人男子收入的中位数(单位:美元)(2)	黑人男子收入的中位数(单位:美元)(3)	黑人男子与白人男子收入的百分比差异(4)*	非白人数量占该SMA总人口的百分比(%)(5)	非白人的学校教育年数中位数除以白人的学校教育年数中位数的比值(6)
阿什维尔(北卡罗来纳州)	2156	1417	0.52	12.3	75.0
亚特兰大(佐治亚州)	2801	1457	0.92	24.7	59.6
奥古斯塔(佐治亚州)	2154	1148	0.88	34.6	52.6
奥斯汀(得克萨斯州)	2109	1189	0.77	14.1	64.7
巴尔的摩(马里兰州)	2957	1864	0.59	19.9	78.0
巴吞鲁日(路易斯安那州)	3508	1420	1.47	33.1	43.8
博蒙特—阿瑟港(得克萨斯州)	3561	1778	1.00	22.7	57.0
伯明翰(亚拉巴马州)	2883	1676	0.72	37.3	59.3
查尔斯顿(南卡罗来纳州)	2535	991	1.56	41.5	45.0
查尔斯顿(西弗吉尼亚州)	2802	2081	0.35	8.4	93.2
夏洛特(北卡罗来纳州)	2860	1493	0.92	25.4	54.7
查塔努加(田纳西州)	2278	1527	0.49	18.2	74.4

(续表)

哥伦比亚(南卡罗来纳州)	2528	1152	1.19	35.4	50.9
哥伦布(佐治亚州)	2032	1169	0.74	31.5	51.0
科珀斯克里斯蒂(得克萨斯州)	2455	1665	0.47	4.9	79.4
达拉斯(得克萨斯州)	2974	1503	0.98	13.6	63.9
达勒姆(北卡罗来纳州)	2412	1501	0.61	33.3	63.1
埃尔帕索(得克萨斯州)	2162	1640	0.32	2.4	90.3
沃斯堡(得克萨斯州)	2777	1503	0.85	11.0	69.9
加尔维斯顿(得克萨斯州)	3152	1757	0.79	21.1	71.6
格林斯伯勒—海波因特(北卡罗来纳州)	2398	1448	0.66	19.5	75.3
格林维尔(南卡罗来纳州)	2334	1233	0.89	18.7	60.4
休斯敦(得克萨斯州)	3255	1803	0.81	18.7	68.5
亨廷顿(西弗吉尼州) 阿什兰(肯塔基州)	2316	1644	0.41	2.9	94.3
杰克逊(密西西比州)	2883	1120	1.57	45.0	51.6
杰克逊维尔(佛罗里达州)	2771	1480	0.87	26.9	58.4
诺克斯维尔(田纳西州)	2229	1555	0.43	7.8	80.9

(续表)

列克星敦(肯塔基州)	2295	1353	0.70	17.3	69.0
小石城—北小石城(阿肯色州)	2551	1211	1.12	24.1	67.9
路易斯维尔(肯塔基州)	2790	1723	0.62	11.5	88.0
拉伯克(得克萨斯州)	2511	1307	0.92	7.9	61.9
梅肯(佐治亚州)	2608	1159	1.25	35.7	49.0
孟菲斯(田纳西州)	2892	1401	1.06	37.4	56.3
迈阿密(佛罗里达州)	2776	1654	0.68	13.2	54.6
莫比尔(亚拉巴马州)	2609	1314	0.99	33.8	59.6
蒙哥马利(亚拉巴马州)	2791	1034	1.70	43.6	49.2
纳什维尔(田纳西州)	2490	1353	0.84	20.0	73.8
新奥尔良(路易斯安那州)	2621	1459	0.80	29.3	68.1
诺福克—朴茨茅斯(弗吉尼亚州)	2590	1591	0.63	27.5	61.5
俄克拉荷马城(俄克拉荷马州)	2773	1729	0.60	8.6	73.1
奥兰多(佛罗里达州)	2293	1202	0.91	19.8	52.5
罗利(北卡罗来纳州)	2274	1217	0.87	29.3	60.0
里士满(弗吉尼亚州)	2996	1585	0.89	26.6	63.1

(续表)

罗阿诺克(弗吉尼亚州)	2747	1773	0.55	13.6	76.0
圣安东尼奥(得克萨斯州)	2080	1521	0.37	6.7	91.3
萨凡纳(佐治亚州)	2759	1291	1.14	38.6	53.3
什里夫波特(路易斯安那州)	3166	1121	1.82	37.6	41.5
坦帕—圣彼得斯堡(佛罗里达州)	2137	1376	0.55	13.9	57.4
塔尔萨(俄克拉荷马州)	2916	1530	0.91	9.1	71.7
韦科(得克萨斯州)	2235	1051	1.13	17.2	72.7
华盛顿特区	3407	2137	0.59	23.4	69.4
威尔明顿(特拉华州)	3107	1892	0.64	12.0	70.8
维斯顿—塞勒姆(北卡罗来纳州)	2447	1507	0.64	28.4	70.1

资料来源：第2、3、5列数据取自美国普查署《1950年的美国人口普查》之"结论"部分之第Ⅱ卷第一篇表185和表86。第6列数据是由美国普查署《1950年的美国人口普查：分州报告》(华盛顿特区：政府印刷品办公室，1953)第二部分表34和表36估算而来。那些未告知学校教育年限者被忽略不计，因为由于他们的未报，引起的误差将很大。第5列和第6列的数据指的是所有的非白人的情况，而第3列则只针对黑人的情况。在美国南方，所谓非白人，其实绝大部分是黑人。

* 即第(2)列的数据减第(3)列的数据然后除以第(3)的数据的计算结果。

对这种结果的一个解释是，歧视偏好以及市场歧视与每个标准大都市区的非白人的人口比例是正相关的关系。在接受这个解释之前,我们有必要区分一下两种差异,即由歧视而导致的收入差异与由于经济能力差异导致的收入差异。表8-3第6列给出了非白人与白人所受的学校教育年数的中位数的比值,将第5列与第6列进行比较就可以发现,在那些非白人的数量相对较多的标准大都市区,他们的相对教育程度往往偏低。这说明,相对收入与人数之间的负相关的关系很可能是由相对教育程度与人数之间的负相关关系引起的。这一点可为表8-3的第4列和第5列的观察值之间的偏相关系数所证明(将第6列视为常数)。该偏相关系数为+0.31(偏决定系数为0.09)。尽管在0.05的显著性水平上显著不为0,但人数比例对相对收入的影响已大为降低,因为人数比例只能解释相对收入9%的变差。标准大都市区里的非白人的比例看来并没有对通过市场发挥作用的歧视偏好产生重要影响。[142]

人数比例看来对通过非市场渠道发挥作用的歧视偏好产生了很大的影响。表8-3第5列和第6列的数据之间的单相关系数为-0.79,偏相关系数为-0.45(将第4列视为常数)。在非白人人口比例很大的标准大都市区,非白人的教育程度往往偏低,因为这些地区的大多数教育机构是公立的,这就意味着在美国南方,针对非

---

[142] 由于数据尚不十分精确,因而误差很大,从而影响到结论。在不同的标准大都市区,非白人的相对年龄的偏差并未进行调整。如果对此数据偏差忽略不计,影响并不大,因为相对年龄的偏差极小,远小于教育程度的偏差。教育程度的测量值不精确,这是造成误差的另一主要原因;按说,严谨的分析应该包括对教育程度的偏差的离差的测量值。由于工资和薪酬收入往往与资本收入结合在一起,这也是造成误差的一个主要原因。对此我当然意识到这点,只是苦于数据不足,目前无法将工资和薪酬收入与资本收益分开。

白人的政治歧视与非白人的相对数量之间是正相关的关系。[143]

补遗[144]

非白人大学毕业生与高中毕业生之间的绝对收入差距要远小于白人大学毕业生与高中毕业生之间的收入差。例如,1939年的美国南方35～44岁的非白人男大学毕业生的收入比非白人男性高中毕业生多700美元,在北方多500美元,仅为2000美元的白人收入差异的三分之一左右。然而,非白人从上大学中获得的收益未必很少,因为他们上大学期间的直接和间接成本更低。非白人高中毕业生的收入要低于白人高中毕业生,因而他们的间接成本更低;由于非白人往往上的是价廉质低的大学,因此他们的直接成本也更低。[145]

---

[143] 安德森(C. A. Anderson)在《美国南方的学校教育不平等》(*Inequality in Schooling in the South*,载《美国社会学杂志》第LX卷,1955年5月)一文也提到了相对教育程度与相对数量之间的负相关关系。同样,也有种种证据表明,政治歧视与非白人的相对数量之间存在正相关关系,参见赫德(A. Heard)《被一分为二的南方》(*A Two-Party South*,查珀尔希尔:北卡罗来纳大学出版社,1952年)。表8-3第6列给出的是各个标准大都市区的白人和非白人的教育程度,不过,由于他们有可能在其他地方上学,这些数据未必就是对当地教育设施情况的真实反映。但是,安德森(同上,第560～561页)提供的证据表明,住在标准大都市区的人的教育程度可以视为当地教育设施情况的一个很好的指标。

[144] 此"补遗"内容节选自加里·贝克尔《人力资本》(纽约:哥伦比亚大学出版社,1964)第94～100页。此次节选,对原书内容略有修改。

[145] 非白人中的大部分为黑人。1947年,黑人大学里的黑人大学生占了85%左右。详见《美国民主下的高等教育:总统高等教育委员会报告》(*Higher Education for American Democracy: A Report of the President's Commission on Higher Education*,华盛顿,1947)第Ⅱ卷,第31页。1940年,黑人大学的大学生人均支出仅为白人大学的70%左右。关于白人大学生的成本问题,参见美国高等教育财政委员会《美国1930年、1940年和1950年的高等教育当年收支状况》(纽约,1952)表58和表3;关于黑人大学生的成本问题,参见《1939～1940年的美国高等教育统计》,载《1938～1940年的两年度(接下页注)

第八章 针对非白人的歧视(下)

与之相关的问题是,上学的成本差异是否足以抵消日后收入的差异。考虑到税负调整和增长,1939年美国南方同龄群的城市非白人男性大学毕业生的收益率为 10.6%～14%,北方为 6.6%～10%,而最佳估计值分别为 12.3%(南方)和 8.3%(北方),[146]两者都低于城市的本土白人男子,后者为 14.5%。[147] 这个数据表明,非白人男性高中毕业生上大学的动力虽然低于白人男性高中毕业生,但相差并不是很大。

在直接证据不足的情况下,有一种方法可以检验该结论,并且可提供有关收益率的间接证据,那就是:看一下实际行为。可以说这两个高中毕业生群体都有一条把上大学的比例与预期的上大学的收益联系起来的曲线。假设这些曲线都是向右上方倾斜的,且这些曲线的位置和弹性分布是由能力的平均水平和偏离平均值的离差、得到资金的可能性、嗜好以及对待风险的态度所决定的。如果这两个群体的供给曲线相同,则当且仅当甲群体的升入大学的比例高于乙群体时,甲群体的预期收益才高于乙群体。

如果白人和非白人的供给曲线相同,则如果预计白人的收益

(接上页注)美国教育调查报告》第2卷第四章表18和表19。对黑人大学教育水平低下的批评,还可参见发表在1963年9月22日《纽约时报》署名为赫金杰(F.M.Hechinger)的文章。

146 所有的非白人高中毕业生都假定要升入黑人大学,在美国南方,事实确实如此,即使在北方,大部分非白人的入学情况也是如此。北方的非白人高中毕业生升入白人大学的情况也不是没有,但其收益率仅为 7.3%。

147 当然,这些收益率的计算过程中均未考虑到能力差异的因素,因为有关非白人的数据阙如。能力差异在非白人身上体现得比白人更为明显,因为非白人只有更强的进取心以及其他方面的卓越能力,才能战胜自身较为低下的社会经济背景并升入大学。因此,如果考虑到能力差异因素,则调整后的非白人的收益率应该更低。

率略高一些就意味着白人的大学入学率略高一些,如果弹性值不大也不小。[148] 很多读者会惊异地了解到:非白人的高中毕业生的大学入学率几乎与白人的相等,比如,1957年25岁以上的非白人男性高中毕业生中上过大学的约有三分之一,而白人男性高中毕业生中上过大学的有五分之二强。[149] 当然,非白人上大学的极少,这个事实并不能视为对那些表明非白人从上大学中获得的收益更少的证据的有力支持。由于非白人的供给曲线很可能位于白人之左,[150]则即使非白人与白人的收益相同,升入大学的非白人的人数仍很少。但是,这两个群体的大学入学率的差异相对小,这可为那些表明收益相差不大的证据提供有力支持。如果非白人的供给曲线在白人的曲线左边且离得很远,且他们从上大学中获得的收益要少得多,则上大学的非白人少于白人这一现象就更为严重。[151]

---

[148] 当然,供给数量应当为预期实际收益(而不仅仅是货币收益)的函数。在探讨相对供给数量与货币收益的关系时,笔者暗含的一个假设是:忽略一切精神收益的差异。笔者的《人力资本》一书第五章对精神收益及其与实际行为之间的关系进行了深入的探讨。

[149] 参见《人口特征与教育成就:1957年3月》表1和表3。

[150] 一般说来,非白人拥有的资源更少,要升入大学,他们面临的困难更大。

[151] 此外,也有证据表明,即使非白人男性高中毕业生的父辈的教育程度和其他变量不变,极少数的非白人男性高中毕业生仍能升入大学。参见《青少年与其父辈的入学和教育状况比较:1960年10月》(School Enrollment and Education of Young Adults and Their Fathers: October 1960)表9,载《人口报告》(华盛顿,1961);美国普查署:《农村和非农村高中毕业生的大学入学的影响因素分析》(*Factors Related to College Attendance of Farm and Nonfarm High School Graduates*,华盛顿,1962)表16。一般说来,即使其他变量因素保持不变,非白人的教育程度仍低于白人。参见大卫(M.H.David)、布雷泽(H.Brazer)、摩根(J.Morgan)和科恩(W.Cohen)的《教育成就:原因与影响》(安阿伯,1961)表1~10。

第八章 针对非白人的歧视(下)

令人惊奇的是,美国北方的非白人大学毕业生的收益率竟然低于南方的非白人,且略低于白人大学毕业生的收益率,因为美国南方的歧视比北方显然更为严重,且在这两个地区,随着非白人教育程度的增加,针对他们的歧视也随之更为严重。在本"补遗"里,对收益率的估算是与对歧视的分析联系在一起的,因此本"补遗"的结论与本章对歧视问题的分析并不矛盾。这种一致性可为收益率估算提供支持,也就是说,在美国南方,针对非白人大学毕业生的歧视很可能低于北方,对他们的歧视程度可能并不十分严重,特别是在美国南方。

两个群体的市场歧视系数 MDC 可定义为

$$MDC = \frac{\pi_w}{\pi_n} - \frac{\pi_w^0}{\pi_n^0}, \tag{A1}$$

其中 π_w 和 π_n 为 W 和 N 的实际收入,π_w^0 和 π_n^0 为无市场歧视下 W 和 N 的收入。如果这两个群体的生产率相同,则 $\pi_n^0 = \pi_w^0$,此时

$$MDC = \frac{\pi_w}{\pi_n} - 1 \text{。} \tag{A2}$$

如果将这两个群体按某种序列特征(如工种、教育程度、年龄、收入等)分为几组的话,则 MDC 测量的就是平均歧视程度,边际 MDC 测量的是自变量从某一等级到更高等级变化(如收入变化)时所增加的歧视值,比如,我们可以从不同等级的收入变化的角度来定义边际 MDC,即

$$MDC_{ij} = \frac{\pi_w^j - \pi_w^i}{\pi_n^j - \pi_n^i} - \frac{\pi_w^{0j} - \pi_w^{0i}}{\pi_n^{0j} - \pi_n^{0i}}, \tag{A3}$$

其中 i 和 j 分别表示不同特征等级。如果 W 和 N 的生产率相等,

则式(A3)可简化为

$$MDC_{ij} = \frac{\pi_w^j - \pi_w^i}{\pi_n^j - \pi_n^i} - 1 \text{。} \qquad (A4)$$

由已知的边际函数与平均函数之间的关系可知,边际 MDC 究竟大于、等于还是小于平均 MDC,取决于后者是递增、不变还是递减。

表 8-4 第 1~3 列给出的是 1939 年各个年龄段的非白人和白人在不同教育程度(小学及初中、高中和大学及以上)下的平均 MDC 值,第 4 列和第 5 列给出的是边际 MDC 值(当然,前提是假设非白人和白人的生产率相等)。在美国北方,总的看,无论是边际 MDC 还是调整后的 MDC,都大于平均 MDC,而在美国南方,在大学教育的层次上,边际 MDC 要稍低于平均 MDC。

表 8-4 1939 年不同年龄段和教育程度的非白人所遭受的
市场歧视系数:平均 MDC 和边际 MDC

地区	年龄 (岁)	平均 MDC 16年及以上 (1)	平均 MDC 12年 (2)	平均 MDC 7~8年 (3)	边际 MDC 16年及以上 (4)	边际 MDC 12年 (5)	调整后的边际 MDC 16年及以上 (6)	调整后的边际 MDC 12年 (7)
美国南方	25~29	0.82	1.08	0.69	0.35	4.35	0.37	3.57
美国南方	30~34	1.27	1.23	0.89	1.33	2.97	0.43	2.65
美国南方	35~44	1.50	1.68	1.12	1.23	4.49	0.61	3.66
美国南方	45~54	1.57	1.62	1.27	1.49	2.85	0.69	2.57
美国南方	55~64	1.56	1.55	1.08	1.62	3.61	0.72	3.07

(续表)

美国北方	25~29	0.47	0.50	0.37	0.37	1.23	0.71	1.52
	30~34	0.78	0.72	0.45	0.89	2.82	0.99	2.61
	35~44	1.17	0.96	0.64	1.75	2.70	1.44	2.53
	45~54	1.37	0.85	0.73	3.92	1.17	2.58	1.48
	55~64	1.23	0.70	0.63	5.11	0.86	3.20	1.27

资料来源:基础数据取自美国普查署《美国第16次人口普查:1940年的人口、教育成就的经济特征和婚姻状况》(*16th Census of the United States: 1940, Population, Educational Attainment by Economic Characteristics and Marital Status*,华盛顿,1947)表29、31、33和35页。泽曼在其未出版的博士学位论文《1939年美国白人与非白人之间的收入差距的量化分析》中,也计算了不同地区、不同年龄和不同教育程度的白人和非白人的平均收入。至于平均MDC、边际MDC和调整后的MDC的定义和讨论,请见文中的说明。

这些边际MDC值可衡量白人和非白人每增加一单位学校教育时间而获得的收益率,[152]当白人的收益大于非白人时,该值为正数;二者相等时,该值为0;白人的收益低于非白人时,该值为负数。本章正文的分析表明,非白人从上大学中获得的收益要低于白人,其部分原因是,非白人的上大学成本及从上大学中获得的收益低于白人。在某种意义上,非白人和白人因上大学而得到的收

---

[152] 由式A4,某个年龄段的边际MDC为

$$MDC_{ij} = \frac{\pi_{wj} - \pi_{wi}}{\pi_{nj} - \pi_{ni}} - 1$$
$$= \frac{\Delta \pi_{wij}}{\Delta \pi_{nij}} - 1 。$$

其中 π_{wi} 和 π_{wj} 为两个不同教育程度的白人收入,π_{ni} 和 π_{nj} 为不同教育程度的非白人的收入,而 $\Delta \pi_{wij}$ 和 $\Delta \pi_{nij}$ 分别表示从教育程度为 i 变化到教育程度为 j 的白人和非白人的收益。

益之所以不同,是由上大学成本差异所致,这种收益的差异并不只是用来测量市场歧视,毋宁说是测量的是市场歧视与非市场的歧视共同作用的影响。

通过将所观察到的差异值减去无边际市场歧视下的差异,式(A3)的更为一般的定义可尽可能地校正这些影响。不过,这样的校正在实际应用中很难实现,[153]一个相对简单的解决办法是:假定不存在边际市场歧视,白人和非白人从每增加一单位的学校教育中获得的收益相等。白人和非白人的上学成本值也视为既定,尽管在现实中由于边际市场歧视的存在及其他因素的作用而使得他们的收益并不相同。[154] 循此方法,则边际 MDC 将与收益率的百分比差异成正比,比例系数就是非白人与白人上大学的成本之比。[155]

---

[153] 参见第八章的讨论。

[154] 所谓其他因素,其中之一就是低年龄段且低教育程度水平下的市场歧视,因为非白人大学生此前的收入之所以较低,正是针对高中及以下教育程度的非白人的市场歧视所致。因此,该方法也就意味着:即使并不存在针对非白人大学毕业生的歧视,低年龄段且低教育程度水平下的市场歧视仍然降低了非白人大学毕业生本应获得的收入。这样的思路是否合理,读者当然有自己的判断,但对我来说,使用更为复杂的思路和方法实无必要。

[155] 边际歧视系数可表示为

$$MDC_{ij} = \frac{\Delta \pi_w}{\Delta \pi_n} - \frac{\Delta \pi_w^0}{\Delta \pi_n^0}。$$

对 $\Delta \pi_w$ 和 $\Delta \pi_n$ 进行首近似处理,有

$$\Delta \pi_w = r_w C_w, \ \Delta \pi_n = r_n C_n,$$

其中 r_w 和 r_n 分别为 W 和 N 的收益率,C_w 和 C_n 分别为 W 和 N 从教育程度为 i 变化到教育程度为 j 时所付出的成本。根据假设,有

$$\Delta \pi_w^0 = r C_w, \ \Delta \pi_n^0 = r C_n。$$

由此,首近似处理后有

$$MDC_{ij} = \frac{r_w C_w}{r_n C_n} - \frac{r C_w}{r C_n} = \frac{C_w}{C_n}(\frac{r_w - r_n}{r_n})。$$

第八章 针对非白人的歧视(下)

因此,在区分了边际歧视和平均歧视时,收益率方法和市场歧视方法多少有些殊途同归。

因而,美国南方的非白人大学毕业生的收益率要比北方的高很多,南方调整后的边际 MDC 值也应低得多。[156] 而且,美国南方的白人和非白人的收益率的差异很小,这就意味着南方调整后的 MDC 应当也很小,远小于针对大学毕业生的平均 MDC 值和边际 MDC 值。在表 8-4 的第 6 列中,假设在不存在针对非白人大学毕业生的歧视的情况下非白人大学毕业生的收益率等于白人大学生的收益率,则该列数据支持了上述的推断:在美国南方,调整后的 MDC 值仅为 0.6,而北方为 1.4;而在未调整的情况下南方和北方的边际 MDC 值分别为 1.5 和 1.2。

尽管针对美国非白人的市场歧视值很大,但针对美国南方非白人大学毕业生的市场歧视则明显很小。[157] 有一种解释强调,非白人大学毕业生流向了非白人的劳动市场,在那里,针对他们的歧视据称并不严重,从而部分地避免了白人的歧视。确实,有相当大

---

[156] 该结论的前提条件是,美国南方的白人大学毕业生的收益率固然高于非白人的,但并没有高出太多。已有的证据表明,美国南方的白人大学毕业生的收益率仅稍高于非白人而已。

[157] 1950 年的普查数据表明,美国南方的拥有大学学历的非白人与高中学历的非白人的收入差异要大于北方,参见安德森《收入与教育的关系:区域差异和种族差异》(Regional and Racial Differences in Relations between Income and Education)一文,《学校评论》(The School Review)1955 年 1 月期第 38~46 页。但是,1950 年的普查数据对被普查这并没有进行城乡区分,而美国南方的农村居民要多于北方,特别是在教育程度较低的类别里更是如此。这大概也解释了何以 1950 年的普查数据显示的美国南方的高中学历的非白人与高中以下学历的非白人的收入之间的差异更大,这与 1940 年的数据有很大不同。

的比例的非白人大学毕业生到隔离的劳动市场就业：1940年，约一半的非白人大学毕业生成为医生、牙医、神职人员、教师及律师，而只有35%的白人大学毕业生从事这些职业。[158] 对南方的非白人大学毕业生来说，进入隔离的劳动市场的机会更多，因为非白人的市场需求很大（相对供给来说），而且市场也更为隔离。[159] 对非白人高中毕业生来说，避免歧视的机会就少得多：对那些并不隔离的劳动市场的职位来说，白人和非白人所占的比例是一样的。[160] 表8-4中第7列给出的是非白人高中毕业生的调整后的MDC值。上述分析很好地解释了何以美国南方的非白人高中毕业生所遭受的歧视明显更为严重的原因。

不过，在本"补遗"末尾，我还是要强调，在接受上述结论之前，最好还是对作为证据的数据——特别是1960年和1970年的人口普查数据——进行更为严格的检验。

---

[158] 参见美国普查署《1940年的人口特征和职业特征普查》(*1940 Census of Population, Occupational Characteristics*, 华盛顿, 1943年) 表3。

[159] 也有人从收入分配的角度进行讨论，得出了与之相同的解释，参见米尔顿·弗里德曼《消费函数理论》(*A Theory of the Consumption Function*, 普林斯顿：美国国家经济研究局, 1957年) 第84～85页。

[160] 例如，1940年，白人和非白人高中毕业生中，在非隔离市场中从事技工、操作工或体力工、职业团体等的人数占各自群体的比例均为37%左右（参见《1940年的人口特征和职业特征普查》表3）。

第九章　美国不同时期的歧视情况

随着时间的流逝,其他变量也发生了变化,而这种变化也会使得歧视值发生变化。在过去的几个世纪里,美国的人均实际收入长期处于增长状态,这种增长是否增加或减少了对歧视的"消费"?这是个有趣的问题。如果说在歧视和教育水平之间存在明显的相关关系,则美国人的教育程度的不断提高也与之有关。[161]

那些致力于消除歧视的组织活动日趋活跃,这对歧视偏好应该会产生一定的影响。联邦政府也在积极作为,对针对少数族裔的歧视也应产生重要影响。在过去的50年里,美国经历了两次世界大战、一次大萧条以及数次经济扩张期和紧缩期,这些也可能对歧视的程度和方向有过影响。此外,像不同群体的区域分布的变化、移民数量的变化、基础技术的发展,等等,也可能与歧视问题有着千丝万缕的联系。

1930年前,少数族裔的收入数据几乎是缺乏的,因而无法开

---

[161] 第八章的分析表明,1940年,在较高教育程度的类别里,非白人遭受的歧视更严重,但这并不意味着白人亦如此。

展有关这些变化各自对歧视的影响的实质性研究。[162] 不过,我们还是有可能了解一个长时段的歧视的变化情况。要了解这种变化,最好的统计数据大概要属美国普查署从1890年开始的普查年的数据了,这些普查数据有按性别和肤色分类的有收入者的职业分布状况。这些职业统计数据包含了黑人经济地位的绝对变化和相对变化的重要信息。

我们对黑人奴隶的绝对和相对职业分布情况的了解极为有限。因为奴隶是资本的一种,当边际收益等于边际成本时,就会进行这种资本的投资,但这种观点并不能期望人们得出这样的结论:奴隶的职业地位低于白人和自由黑人。另一方面,奴隶毕竟与其他资本不同,奴隶可以以各种工作强度来使用,这样,对某些职业来说,使用奴隶劳动并不合适,特别是那些对技能要求比较高的劳动。只有极少数(如果不是没有)的黑人奴隶接受过职业所需的正规教育培训,比如医药、法学等。这点毫不奇怪,因为如果说正规的学校教育会使人对自由充满渴望,那么这就会使得受教育的奴隶的生产率降低。确实,美国南方的很多州都制定了法律,禁止白人对他们的奴隶进行读写教育。

本研究所需的有关黑人和白人的详尽的职业统计数据最早的是1890年的普查数据,表9-1即是该年的技能性工人和非技能

---

162 当然,也有例外,那就是前述的发生重大事件的时期的男女工资率和收入的数据。桑伯恩(H. Sanborne)在《男女收入差异》〔载《劳动关系评论》(Industrial and Labor Relations Review)第17卷(1964年7月)第534~550页〕一文中已对男女工资率和收入的差异问题进行了研究,这里不再赘述。

性工人的数据。[163] 截至1890年,在技能性职业中,黑人的比例远低于白人。尽管这种差异完全可以解释为1865年和1890年的变化结果,但更为合理的解释是,技能性职业中的奴隶的比例远低于白人。这就支持了前面的结论,即在那些技能要求比较高的职业中,奴隶的生产率往往较低。

表 9-1 1890~1950年各种职业类别里的美国黑人和白人男子的相对数量

年份 (1)	技能性职业的工人相对数量*			半技能性职业的工人相对数量*			非技能性职业的工人相对数量*		
	白人 (2)	黑人 (3)	白人/黑人 (4)	白人 (5)	黑人 (6)	白人/黑人 (7)	白人 (8)	黑人 (9)	白人/黑人 (10)
1950年	0.597	0.193	3.093	0.230	0.249	0.923	0.174	0.558	0.311
1940年	0.528	0.129	4.084	0.218	0.159	1.368	0.255	0.712	0.358
1930年	0.531	0.118	4.486	0.174	0.115	1.512	0.295	0.767	0.385
1920年	0.501	0.109	4.579	0.168	0.098	1.803	0.333	0.798	0.417
1910年	0.461	0.092	4.999	0.146	0.064	2.301	0.393	0.844	0.466
1900年	0.431	0.071	6.065	**	**	**	0.569	0.929	0.613
1890年	0.443	0.071	6.279	**	**	**	0.557	0.929	0.599

资料来源:参见本章附录。

* 某个职业类别中的黑人的"相对数量"是指该职业类别中的黑人男子

---

[163] 1910年及此前的普查中,并未将半技能性工人和非技能性工人进行区分,均被列为非技能性工人。表9-1的数据不包括职业为"农场主和农业租地经营者"的工人数。农场主和农业租地经营者这个职业中的白人和黑人的技能程度极难分类和比较,因为黑人多为农业租地经营者,而白人多为农场主,详见美国普查署《1950年美国农业普查:农业经营者的肤色、种族、租期》(*United States Census of Agriculture, 1950, Color, Race, Tenure of Farm Operators*,华盛顿特区:政府印刷品办公室,1952年)第924页。

数除以有收入的黑人男子总人数(不包括黑人农场主和农业租地经营者)的比值,白人的相对数量亦如此定义。

** 包含于非技能性职业的类别中。

显然,从表9-1第2列和第3列可以看出,从1890年到1950年的每个普查年中,技能性黑人工人的数量少于白人;第5列和第6列的数据则表明,从1910年到1940年的每个普查年中,半技能性黑人工人的数量少于白人,只在1950年才略多于白人;这些数据表明,在职业等级中,黑人的地位低于白人。不过,随着时间的推移,黑人的平均职业地位是在逐渐提高。例如,1950年,黑人中有19%为技能性工人,25%为半技能性工人;而在1890年,黑人中技能性工人仅占7%,1910年的半技能性工人的比例则仅为6%。

有读者可能会认为这种进步是黑人离开南方的不断迁出的结果(见表9-2),因为黑人在美国北方的职业分布要高于南方。表9-3给出了1910年、1940年和1950年美国北方和南方的白人和黑人的职业分布状况。其第3列和第6列的数据表明,北方的技能性职业和半技能性职业中的黑人的比例一直高于南方。这些数据还表明,随着时间的推移,无论是北方还是南方,黑人的平均职业地位都在提高。但是,如果我们比较一下第2列与第3列、第5列与第6列的数据就会发现,无论北方还是南方,黑人在职业等级中的地位要远低于白人。

第九章 美国不同时期的歧视情况

表9-2　1890~1950年美国南方和北方的黑人和白人的数量

年份	美国南方 白人数量（单位：百万）	美国南方 黑人数量（单位：百万）	美国南方 黑人/白人	美国北方 白人数量（单位：百万）	美国北方 黑人数量（单位：百万）	美国北方 黑人/白人
1950年	36.8	10.2	0.28	98.1	4.8	0.049
1940年	31.7	9.9	0.31	86.6	3.0	0.034
1930年	28.4	9.4	0.33	81.9	2.5	0.031
1920年	24.1	8.9	0.37	70.7	1.6	0.022
1910年	20.5	8.7	0.43	61.2	1.1	0.018
1900年	16.5	7.9	0.48	50.3	0.9	0.018
1890年	13.2	6.8	0.51	41.9	0.7	0.017

资料来源：1890~1910年的数据取自美国普查署《1790~1915年的美国黑人人口》（华盛顿特区：政府印刷品办公室，1918）第43页；1920~1940年的数据取自美国普查署《美国统计摘要：1952年》（华盛顿特区：政府印刷品办公室，1952）第32页；1950年的数据取自美国普查署《美国人口普查：1953年》（华盛顿特区：政府印刷品办公室，1952）第Ⅱ卷第1~106页。

表9-3　1910年、1940年和1950年美国北方和南方不同职业类别里的黑人和白人男子的相对数量

地区	年份(1)	技能性职业的工人相对数量* 白人(2)	技能性职业的工人相对数量* 黑人(3)	技能性职业的工人相对数量* 白人/黑人(4)	半技能性职业的工人相对数量* 白人(5)	半技能性职业的工人相对数量* 黑人(6)	半技能性职业的工人相对数量* 白人/黑人(7)	非技能性职业的工人相对数量* 白人(8)	非技能性职业的工人相对数量* 黑人(9)	非技能性职业的工人相对数量* 白人/黑人(10)
美国北方	1950年	0.597	0.245	2.433	0.237	0.297	0.798	0.167	0.458	0.364
美国北方	1940年**	0.538	0.181	2.973	0.232	0.214	1.083	0.230	0.605	0.381
美国北方	1910年	0.472	0.135	3.504	0.162	0.136	1.195	0.366	0.730	0.501
美国南方	1950年	0.597	0.162	3.683	0.208	0.221	0.942	0.195	0.617	0.316
美国南方	1940年**	0.513	0.097	5.304	0.195	0.151	1.296	0.292	0.753	0.388
美国南方	1910年	0.411	0.080	5.126	0.071	0.043	1.657	0.518	0.877	0.591

资料来源：参见本章附录。

*某个职业类别中的黑人或白人的"相对数量"的定义同表9-1的注释。

**1940年的技能性黑人工人的相对数量很可能被稍微低估,而半技能性黑人工人的相对数量则可能被稍微高估(参见本章附录)。

从表9-3第2列和第5列可以看出,随着时间的推移,白人的平均职业地位也在提高。于是就有这样一个问题:黑人平均职业地位的提高是否为诸如教育水平总体提高等因素影响所致?因为教育水平的总体提高,可提高所有群体的职业地位。抑或是否为诸如歧视的减少等因素所致?因为歧视的减少,可使黑人的相对职业地位提高。为此,我们需要对职业地位进行量化,以确定黑人职业地位的相对变化情况。

测量职业地位的最好的办法是,测量每个职业类别中的白人的平均工资和薪酬收入。泽曼估算了1940年美国南方和北方各个普查的职业类别的白人收入,他的估算值表明,北方白人技能工、半技能工和非技能工的相对职业地位分别为2.34、1.44和1.00,南方白人则分别为2.69、1.49和1.00。[164] 对表9-3的分布数据赋予权重,就可得到职业地位指数,见表9-4。表9-4第2、3、5、6列的指数表明,无论是南方还是北方,在1910年到1940年间和1940年到1950年间,黑人和白人的平均职业地位都提升了。但是,随着时间的推移,黑人的相对职业地位仍保持稳定(参见第

---

[164] 详见泽曼《1939年美国白人与非白人之间的收入差距的量化分析》(芝加哥大学经济系1955年博士学位论文,未出版)附录D。泽曼将白人专门技术人员、企业主及管理人员、职员及销售人员、技术人员及工头的平均工资和薪酬收入视为白人技能性工人的平均收入,将白人操作人员的工资和薪酬收入视为白人半技能性工人的收入,将体力工的工资和薪酬收入视为白人非技能性工人的收入。

4 和第 7 列的数据)。[165] 无论是北方还是南方,离平均值的最大偏差均不足 6%。在北方,从 1910 年到 1940 年几乎无变化,从 1940 年到 1950 年则只增长了 4%;在南方,从 1910 年到 1940 年增长了 6%,从 1940 年到 1950 年则增长了 4%。因此,如果将 1950 年和 1910 年的情形进行比较,就可以看出,美国北方黑人的相对职业地位提高了 5% 左右,而南方黑人则降低了约 2%。[166]

表 9-4 1910 年、1940 年和 1950 年美国北方和
南方黑人和白人的职业地位指数

年份 (1)	美国北方			美国南方		
	白人 (2)	黑人 (3)	黑人/白人 (4)	白人 (5)	黑人 (6)	黑人/白人 (7)
1950 年	1.90	1.46	0.77	2.11	1.38	0.65
1940 年	1.82	1.34	0.74	1.96	1.24	0.63
1910 年	1.70	1.24	0.73	1.73	1.16	0.67

---

165 杜威在《美国南方行业中的黑人就业状况》(《政治经济学期刊》第 LX 卷)一文中强调,在过去的四五十年里,在职业等级中,与白人相比,南方黑人的职业地位提高得很小。这些数据不仅支持了杜威的观察值,还表明,美国北部的黑人的情况也是如此。

166 出于某些需要,利用北部的权重来构建南方的职业指数是较为有利的方法,因为北部白人的收入受歧视的影响更小。这样处理后,黑人和白人的绝对和相对职业地位见下表。

年份	白人	黑人	黑人除以白人的比值
1910 年	1.581	1.126	0.713
1940 年	1.772	1.195	0.675
1950 年	1.890	1.314	0.695

南方黑人的职业地位一直低于北部;1910 年和 1940 年南方白人的地位要低于北部,而 1950 年,南方和北部的白人的职业地位是一样的。这些权重值表明,南方黑人的相对职业地位值稍高于 9-4 的数据,但从 1910 年到 1940 年、从 1940 年到 1950 年黑人地位变化的百分比是一样的。

回到前面的问题,黑人的绝对职业地位的提高几乎是由那些同样使得白人职业地位提高的因素所致,而那些可影响黑人相对职业地位的变量的变化要么很小,要么其作用效果相互抵消。只有其他变量的变化足以抵消歧视造成的影响,在一个较长时段内针对黑人的歧视才会大为减少。[167] 很难想象单个因素的变化会大大降低黑人的相对职业地位,因为它们在一个长时段内很可能并不会减少歧视,不过,许许多多小变化(例如,移入美国的移民中非技能性白人的数量下降)的共同作用则有可能积小成大,大到足以抵消歧视的大幅减少。[168]

本章附录

一、对本章表格数据的总说明

1890年到1930年普查的职业统计包括所有"有报酬收入的工人",1940年到1950年普查的职业统计只包括所谓的"劳动力"。阿尔巴·爱德华兹(Alba M.Edwards)调整了劳动力版的统计,使之可以与有报酬收入的工人进行比较。[169] 但是,由于爱德华

---

[167] 某个职业类别里针对黑人歧视的减少只增加了黑人的相对收入,并不会改变其相对职业分布状况。不过,由于在那些技能性特征更明显的职业中,针对黑人的歧视也更大,则歧视的减少很可能也会使黑人在这些职业中的机会增加。

[168] 在讨论长时段的歧视增加的情况时,这种"累加效应"也是适用的。

[169] 爱德华兹:《美国职业比较统计:1870~1940年》(*Comparative Occupation Statistics for the United States, 1870 to 1940*,华盛顿特区:政府印刷品办公室,1943),第 iv 章。以下简称《比较》。

兹的调整版并没有进行任何的职业、性别、肤色分类,我们用的仍是未调整的图表。

这里,我使用了爱德华兹的社会经济分组法,[170]并将其与职业类别结合。共分为六类群体:(1)专业技术人员;(2)企业主、经理层及管理人员;(3)职员及与此工作相似的员工;(4)技能性工人和工头;(5)半技能性工人;(6)非技能性工人。属于前四类群体的所有人(不包括农场主和农业租地经营者)都被列为表 9-1 和表 9-3 中的"技能性工人"。尽管我也尝试将每类职业均归到上述六个群体中,但某些年份的某些类别却不可能如此归类。

1890 年至 1930 年的统计中包括 10～13 岁的从业人员,而在 1940～1950 年的统计中却不包括这些人,因为数据阙如。1920 年,10～13 岁的男性从业者有 26 万人左右,1930 年则为 16 万人。[171] 照此比例推算,1940 年的 10～13 岁的男性从业者当为 10 万人左右。这个数字太小,不足以导致严重的偏差,因此可以忽略不计。

1890 年至 1930 年,军人被视为半技能性工人。而 1940 年的半技能性工人则不包括军人,因为这时"二战"已爆发;1950 年的半技能性工人也不包括军人,因为这时实行的是选征服役制。

---

170 爱德华兹:《有报酬收入的美国工人的社会经济分组》(*A Socio-economic Grouping of the Gainful Workers of the United States*,华盛顿特区:政府印刷品办公室,1938)第 3～6 页。以下简称《社会经济》。

171 美国普查署:《1930 年的美国人口普查》(华盛顿特区:政府印刷品办公室,1933)第 V 卷第 114 页。

二、对表 9-1 数据的说明

(1) 1950 年的数据说明

1950 年的普查数据中的职业统计里,就业者有性别和肤色的分类统计。[172] 有工作经历的劳动力的职业数据与此前普查的职业数据就更能进行比较了。[173] 不过,依种族分类的失业者的经常性职业的数据尚未见发布。失业者的数据可以忽略不计,不会产生严重的偏差,因为在 1950 年,有工作经历的劳动力中只有 4％处于失业状态。[174]

1950 年的普查用的职业分类法与爱德华兹的分类法稍有不同:爱德华兹用的是社会经济分组法;而在 1950 年的普查中,不同社会经济层次的职业有时被归为一类"职业群"。每一类"职业群"中,哪个社会经济层次的工人数最多,则该"职业群"的所有工人都被视为那个社会经济层次的。还好,结果并没有出现重大偏差,因为归类不当的男性工人人数极少。[175]

(2) 1940 年的数据说明

172　美国普查署:《1950 年的人口普查》(华盛顿特区:政府印刷品办公室,1953) 第 Ⅱ 卷,第 276 页。

173　参见爱德华兹《比较》第 7 页。

174　美国普查署:《1950 年的人口普查》第 Ⅱ 卷,表 52 和表 53。

175　以下职业的男性工人归类不当:(1) 被误归为技能性职业的有:①工厂油漆工(应为半技能性职业),②电影放映师(应为半技能性职业);(2) 被误归为半技能性职业的有:①桶匠(应为技能性职业),②加热工(应为非技能性职业),③炉前工(应为非技能性职业),④铁路列车员(应为技能性职业);(3) 被误归为非技能性职业的有:其他服务性工人(其中约有一半应归为半技能性职业)。

第九章 美国不同时期的歧视情况

表9-1中的1940年的统计值来自1940年人口普查的抽样统计(5％的抽样)结果。该抽样统计给出了就业者的当前职业和有工作经历的失业者的经常性职业,[176]且按照白人/非白人的分类进行统计。普查中的抽样统计用的是白人和非白人的区分而不是白人和黑人区分,这种偏差到底有多大还很难确定,但相差应该不大,因为美国的非白人中黑人就占到了93％。[177]

1940年的普查的统计结果大部分可与1940年前的普查的有收入的职业者的统计进行比较。[178] 1940年的普查还给出了就业者的当前职业以及有工作经历的失业者失业前的职业的信息,且按白人和黑人的类别进行分类统计;[179]我们将这些数据与那些给出了"经常性职业"的数据进行了比较,见表9-5。其中白人和非白人差异最大的要数技能型职业类型;在该类职业类别中,"非白人"一栏的相对比例较诸给出经常性职业之数据高出8％。这种差异可以部分地解释为黑人从经济萧条中遭受的损害更大,部分可解释为非白人的经常性职业与黑人的当前及前一个职业的比较结果。

---

176 美国普查署:《1940年的人口普查:经常性职业的抽样统计》(华盛顿特区:政府印刷品办公室,1943)表4。
177 美国商务部:《美国统计摘要:1953年》(华盛顿特区:政府印刷品办公室,1953)第35页。
178 爱德华兹:《比较》,第19～20页。
179 美国普查署:《1940年的人口普查》第Ⅲ卷表62。

表 9-5　1940 年美国人口普查中两组不同类型的职业数据的比较

数据类型	技能性职业 白人	技能性职业 非白人*	技能性职业 白人/非白人	半技能性职业 白人	半技能性职业 非白人*	半技能性职业 白人/非白人	非技能性职业 白人	非技能性职业 非白人*	非技能性职业 白人/非白人
经常性职业	0.528	0.129	4.084	0.218	0.159	1.368	0.255	0.712	0.358
前一个职业	0.532	0.120	4.438	0.224	0.168	1.332	0.244	0.712	0.343
经常性职业/前一个职业	——	——	0.920	——	——	1.027	——	——	1.043

资料来源：美国普查署《1940 年的人口普查：经常性职业的抽样统计》（华盛顿特区：政府印刷品办公室，1943）表 4；《1940 年的人口普查》第Ⅲ卷表 62。

*"经常性职业"的数据涉及所有非白人；而"前一个职业"的数据则只涉及黑人。

和 1950 年的普查数据一样，在 1940 年的普查中，在对男性工人进行社会经济归类时，难免有误。还好，只有极少数的男性工人归类有误，因而没有造成重大偏差。[180]

表 9-5 的统计值来自 1940 年的普查结果。爱德华兹指出，严格说来，1930 年的职业统计结果和 1940 年普查结果的数据往往无法进行比较，即使二者所用的职业名称类别是一样的。为此，爱德华兹构建了一系列职业指标，使 1940 年的普查数据可与此前的普查统计值进行比较。[181] 在表 9-6 中，我们看一下未调整的统

---

[180] 以下职业的男性工人归类不当：(1)被误归为技能性职业的有：工厂油漆工(应为半技能性职业)；(2)被误归为半技能性的职业有：①桶匠(应为技能性职业)，②加热工(应为非技能性职业)，③爆破手(应为非技能性职业)，④炉前工(应为非技能性职业)。

[181] 爱德华兹：《比较》，表 2。

计值和调整后的统计值。显然,二者相差并不大:所有类别中,相差均不到3%。就是说,如果使用未调整的数据,则造成的误差其实很小。

表9-6　1940年职业统计数据比较:未调整的和调整后的比较

数据类型	技能性职业 白人	技能性职业 非白人	技能性职业 白人/非白人	半技能性职业 白人	半技能性职业 非白人	半技能性职业 白人/非白人	非技能性职业 白人	非技能性职业 非白人	非技能性职业 白人/非白人
未调整的统计	0.408	0.097	4.198	0.171	0.120	1.424	0.236	0.538	0.438
调整后的统计	0.410	0.100	4.112	0.168	0.121	1.389	0.234	0.529	0.442

资料来源:《1940年的人口普查:经常性职业的抽样统计》表4;爱德华兹:《比较》表2。

(3) 1930年的数据说明

职业数据来自1930年的普查结果,该普查数据按性别和种族进行分类。[182] 表9-1的统计值是从爱德华兹的书中的数据计算而来。[183]

(4) 1920年的数据说明

表9-1的统计值是从爱德华兹的大作中的数据计算而来。[184] 由于1920年的普查是1月进行的,而其他年份的普查则是春季进行的,因此,与其他年份的普查相比,1920年统计的10～15岁的农

182　美国普查署:《1930年的人口普查》第vii章表2。
183　爱德华兹:《社会经济》表2和表4。
184　爱德华兹:《社会经济》表2和表4。

业工人数量被低估了。据爱德华兹的估计,少算的男性未成年的农业工人的数量当为343825人。[185] 把爱德华兹估计的这个数值加上已统计的数据,就可以得到该年农业劳动力的总数。这里有个假定,即农业工人中黑人的比例与其他职业中黑人的比例是一样的。

该年普查时间的变化很可能会导致其他偏差,其偏差大小取决于那些春季或冬季需求量较大的职业。这里还有一个假定,少算的男性农业工人数仅视为普查数据的变化引起的一个偏差。[186]

(5) 1910年的数据说明

在1910年的普查中,农业劳动者的数量被高估了。[187] 这里假定:调整后的黑人占调整后的农业劳动者的比例等同于其占普查列举的农业劳动者的比例。

(6) 1900年的数据说明

与1910年之后的普查相比,1910年前的职业统计值还不够详细具体,也不够准确。[188] 不过,借助爱德华兹的大作,[189]我们仍有可能得到可与后来的统计结果进行比较的1890年和1900年的数据。要使数据有可比性,就必须将非技能性职业和半技能性职业合并为一个职业类型。

185　爱德华兹:《比较》,第138~139页。
186　尽管爱德华兹在已有的普查数据基础上又加上了3884661,(《比较》,第140~141页),但我并没有这样做,因为没有足够的证据可支持爱德华兹的这种数据调整。
187　美国普查署:《1910年的人口普查》(华盛顿特区:政府印刷品办公室,1914)第V卷表6;爱德华兹:《社会经济》,表2和表4。至于该估计值的推导过程,参见爱德华兹《比较》第137~138页。
188　爱德华兹:《比较》,第88页。
189　爱德华兹:《比较》,第104~156页。

1900年的数据是按性别和肤色分类的,[190]但很多分类里又有不同技能类型的职业。在1910年的普查中,如果某个分类里至少85%的工人为同一种技能类型,则该分类里所有的工人都被归为这种技能类型。所有其他分类均可忽略不计,包括"钢铁工人"、"金属工"、"贸易、交通行业的其他工人"等。被忽略不计的职业类别中的男性工人的数量占所有有报酬收入的职业男性(不包括农场主和农业租地经营者)人数的14%左右。

(7) 1890年的数据说明

1890年的数据按性别和肤色进行了分类。[191] 和1910年的普查数据一样,我们同样假定:如果某个分类里至少85%的工人为同一种技能类型,则该分类里所有的工人都被归为这种技能类型。同样,被忽略不计的职业类别中的男性工人的数量占所有有报酬收入的职业男性(不包括农场主和农业租地经营者)人数的14%左右。

1890年的数据中,男性农业劳动者的数量可能少算了。[192] 这里我们仍然假定:黑人占农业劳动者总人数的比例等于其占普查列举的农业劳动者的比例。

三、对表9-3数据的说明

(1) 1950年的数据说明

表9-2中的1950年的统计值所统计的是当时有工作的人,

---

190 美国普查署:《关于职业的特别报告:1900年》(华盛顿特区:政府印刷品办公室,1904)表2。
191 美国普查署:《1890年统计概要》(华盛顿特区:政府印刷品办公室,1897)表78。
192 美国普查署:《1910年的人口普查》第lxvi~lxxiii页。

表9-3中的1950年的统计值亦如此。[193]

（2）1940年的数据说明

对于经常性职业，我们并没有进行按地区的分类统计，但对于就业者的当前职业以及有工作经历的失业者失业前的职业则有分地区的统计，[194]表9-3中用到了这些数据。表9-5表明，这些统计值高估了技能性白人工人的相对数量，低估了半技能性白人工人的数量。不过，这些偏差很小，对我们的解释不会产生重大的影响。

（3）1910年的数据说明

1910年的职业数据是按州、肤色和性别分类的，[195]但在每个州内，只有那些更为重要的职业才有这样的统计。美国南方的数字是各个南方州的数据加总而来，美国北方的数据则是由全国的总计值减去美国南方的总和值而来。对那些可以忽略不计的职业来说，他们的从业人数很难准确估计。抽样计算的结果表明，每个州的统计数据中，此类有报酬收入的职业男子的人数的比例为4%~8%。

补　遗[196]

我想弄清楚20世纪前50年里针对美国黑人的市场歧视的长时段的变化趋势。但由于1930年之前的可用的收入数据阙如，职

---

[193] 美国普查署：《1950年的人口普查》表159。
[194] 美国普查署：《1940年的人口普查》第Ⅲ卷表63。
[195] 美国普查署：《1910年的人口普查》表7。
[196] "补遗"文字原发表在《经济学与统计学评论》1962年5月期，此次收录，进行了一些修订。

第九章 美国不同时期的歧视情况

业分布的长时段变化趋势就需要验证。如果技能要求较高或者珍稀而抢手的职业里的黑人的相对数量大大增加,则针对他们的歧视从长期看就有可能下降。综观1910年、1940年和1950年的数据,很明显的一点是,无论是北方还是南方,黑人的职业地位已有了很大的提高。不过,这些数据也表明,白人的职业地位也有很大提高,因而,如果仅进行定性分析,尚无法判断黑人职业地位的提高程度是否高于白人。我的问题就是那种长期以来经济学家用指标量化、人口统计学家等用标准平均值进行计算的类似问题。如果运用一些总计性的指数,则诸如不同时期和不同地区的产出、价格、出生率等就可以进行比较。当然,这些总计性指数通常会根据每个人的具体情况而进行加权平均,如拉氏指数(Laspeyres Index)和帕氏指数(Paasche Index)即如此。[197] 因此,笔者着手构建了一个"职业地位指数",用以比较不同年份的职业地位情况,这个指数与各个技能程度的职业里黑人(或白人)比例的加权平均数、1939年支付给白人的相对工资的权数等一起使用。

这些职业指数之于黑人地位提高程度的相关程度,犹如价格和产出指数之于价格和产出之提高程度。然而,阿尔顿·雷亚克(Alton Rayack)教授却对此提出异议,称"贝克尔教授在构建职业指数时犯了一个严重的错误"。[198] 雷亚克教授所谓的"严重的错

---

[197] 有时,这种进行了加权后的多个指数合并起来,构成一个更为复杂的指数。
[198] 雷亚克:《歧视与黑人的职业地位的提高》(*Discrimination and the Occupational Progress of Negroes*),《经济学与统计学评论》第XIII卷(1962年5月),第210页。

误",不过是说我用的是加权平均数而不是当前年份的权数。[199] 美国劳工统计局(BLS)的居民消费价格指数(CPI)用的是基年权数而不是当前年权数,雷亚克教授是不是也要说这个指数存在严重的错误? 如果用当前年权数,那么仅用消费者物价指数恐怕无法测量价格变动情况,必须结合数量变动情况才行。同样,由于雷亚克的职业地位指数也用的是当前年的权数,因此,仅用这个指数也无法测量技能程度更高的职业类型的情况,还得结合收入差异的变动情况才行。关于这个问题,不妨举个例子更能说清楚。假设不同职业里的黑人和白人的相对数量经年不变。那么,那些认为可测量技能程度更高的职业类型的情况的指数就应该是不变的。只要收入差异发生变化,我所用的固定权数的指数仍保持不变,而雷亚克所钟爱的加权后的指数则会发生变化。

因此,我所用的指数可以准确测量职业地位的情况,而雷亚克的指数则不能。不过,雷亚克的文章也间接地提出了这样一个问题:固定权数指数法是否对所用的权数很敏感? 为检验这一点,我用雷亚克的1951年的权数计算了一些指数值(见表9-7),结果大大支持了用1939年的权数计算出的指数:无论是美国北方还是南方,从1910年到1950年,黑人的相对职业地位都未发生重大变化。因此,黑人相对职业职位未发生重大变化,这种稳定性固然令

---

[199] "贝克尔教授构建的指数用的是这三种技能类型的职业的相对收入的固定权数,因而没有考虑到1940年以来收入差距的大幅减小的事实。因此,如果用固定的相对收入权数,那么,由于半技能性和非技能性职业的黑人比白人的比例更大,黑人职业地位的相对提高程度就被严重低估了。"(雷亚克:《歧视与黑人的职业地位的提高》,第210页)。

第九章　美国不同时期的歧视情况　　173

人印象深刻,但这与所用的权重计算方法关系不大。

表9-7　1910年、1940年和1950年美国黑人和白人的职业地位指数*

年份	美国北方			美国南方		
	白人	黑人	黑人/白人	白人	黑人	黑人/白人
1950年	1.53	1.30	0.85	1.52	1.21	0.79
1940年	1.49	1.22	0.82	1.45	1.13	0.78
1910年	1.41	1.16	0.82	1.33	1.08	0.81

资料来源:雷亚克:《歧视与黑人的职业地位的提高》,第210页,表9-3。
* 用1951年的权数计算而来。

　　由于我的研究关注的是20世纪前50年的长时段的总体变化趋势,因此我对一些较短时段的变化趋势并未予以特别关注。不过,现在我也意识到自己的一个纰漏,那就是:无论从当前的视角还是未来的视角看,对于1940年到1950年黑人相对职业地位的提高,或许应做更乐观的解释,而我并没有指出这点。1940年可视为一个转折年:该年黑人开始以前所未有的规模加入技能型职业队伍,尽管我们不得不指出的是,在20世纪前50年里,黑人的职业地位实际上只是小幅提高。[200]

　　总之,最后,我还要提醒读者注意的是,雷亚克暗示了两个指数间的不一致:职业地位指数表明,40年里黑人的职业地位略有提高;而收入指数则表明,黑人的相对收入大幅增加,但他的看法

200　就美国全国来说,1950年的相对职业地位值为0.816,1958年升至0.822(如果以1951年的数据进行加权)。如果用雷亚克的职业指数,则这期间的指数却是下降的,原因应该是收入差距拉大。

并不正确。[201] 的确,黑人职业地位的小幅提高与相对收入的大幅增加表面看颇不一致,但这只是表明固定权数的职业指数(或者更为一般的,那些可区分进入技能性职业的改善程度与其他变化的指数)的优势。雷亚克的图表表明,收入增加的很大一部分是不同职业之间的收入差距的普遍缩小的结果。确实,以下两种情况所造成的针对黑人的歧视的变化是很不同的:(1)由于黑人进入技能性职业而使得其相对收入提高,(2)由于黑人普遍占多数的非技能性职业的工人的收入提高而使得黑人收入提高。[202] 相对收入的变化情况与雷亚克的职业指数的变化情况有一致性,而与笔者所用的指数的变化情况却不一致,这种异同并非证明了雷亚克是正确的而笔者的指数是错误的(正如雷亚克所宣称的),恰恰相反,这正表明了固定权数指数法在找出相对收入变化的原因以及测量职业地位方面的优势所在。

---

[201] "贝克尔认为,1940年以来,黑人相对白人的职业地位几乎没有变化。但黑人和白人的工资和薪酬收入数据使得贝克尔的这个结论颇为可疑。"(雷亚克,前揭书,第211页)

[202] 无论是雷亚克还是笔者所用的职业指数都无意测算某职业内部的黑人相对收入的提高所产生的影响(参见本章脚注167笔者的注解)。

第十章 小 结

10.1 模型

本书在分析市场中由于种族、宗教信仰、性别、肤色、社会阶级、性格及其他非货币方面的原因所致的歧视时,用到了一个框架。这里假定:个体就好像有"歧视偏好"似地去行动,且这种偏好是发生实际歧视行为的最重要的、最直接的缘由。例如,如果雇主歧视雇员,则在雇用他们时,该雇主就会觉得他付出了精神上的、非货币的生产成本;如果雇员歧视同事或雇主,则在和同事或雇主一起工作时,该雇员就会觉得自己好像蒙受了精神上的、非货币的就业成本;如果消费者歧视某个产品,则在消费这个产品时,他会觉得自己蒙受了精神上的、非货币的消费成本。

如果能用公式来表示非货币成本或歧视偏好,使之既能专门用于深入的量化的实证分析,又能在使用中接纳新的信息,那最好不过了。"歧视系数"的概念恰好满足了这两方面的要求。雇主对雇员的歧视系数可衡量雇主在雇用雇员时所承受的非货币成本值,因为该系数是用该雇员的货币工资率与其实际的或者说是"支付"给该雇员的净工资率之间的百分比差异表示的。如果用 π 表示支付给雇员的货币工资率,则 $\pi(1+d)$ 就是净工资率,其中 d 为歧视系数。同样,其他雇员对该员工的歧视系数衡量的是他们与该员工一起工作时所要承受的非货币成本,因为此时的歧视系数是他们与该雇员一起工作时获得的货币工资率与其净工资率之间的百分比差异。消费者的歧视系数衡量的是该消费者在购买该雇员生产(或部分生产)或销售的产品时所要承受的非货币成本,因为此时的歧视系数是消费者在支付该产品时的货币价格与其净价格之间的百分比差异。

尽管这些歧视系数差不多是可以选择的决定性因素,但和其他偏好一样,这些歧视系数反过来也要受那些更为重要的变量的影响。过去的研究者试着在歧视和其他变量之间建立联系时,通常是"单刀直入",如对调查问卷的数据进行解释。通过将歧视系数与市场机制作用下的价格这个决定性因素的经济分析联系起来,就有可能由不同群体的收入和其他经济统计数据间接推论二者的关系。当然,这些推论只限于用于分析黑人与白人或者白人与非白人之间,因为其他群体的数据阙如。

10.2 歧视偏好

由于人们在市场中几乎不会歧视那些与他们仅有间接"接触"的人,因此,直接接触就是形成歧视心理的必要条件。这与如下观点未必矛盾:如果通过近距离接触,人们对其所接触的对象有了充分的了解,则对他们的歧视就会减少乃至消除。我的观点所强调的仅仅是,某些类型的接触会引发歧视,而有些接触则有助于消除歧视。因此,有必要探讨一个不同类型的接触,找出最重要的类型。

表面看,针对黑人的歧视与黑人的相对数量之间呈正相关的关系。但是,对于那些没有通过市场机制(如正规学历教育的机会)而

第十章 小 结

发生的歧视,二者的相关关系要比市场机制作用下的歧视与相对数量的相关关系更强。而且,这种相关关系还可以通过各种方法来测算,例如,可用某个工厂车间、公司、城市或州的黑人的相对数量来测算,本书只有一处用到了标准大都市区层级的黑人(相对)数量。黑人和白人之间的接触不仅可用黑人人数上的相对重要程度来测算,而且可用黑人经济上的相对重要性来测算。我们建议用经济上的相对重要性来测算,至于原因,这里就不详细阐述了。

除了人数上的重要性和经济上的重要性,"接触"还有其他维度,其中包括接触的频次、持续时间及接触的"层次"。有证据表明,临时性工作里发生的针对黑人的歧视要少于长久性的工作,这是"接触"的持续时间较短所致。大量证据证明,黑人之间的歧视要远小于白人对黑人施加的歧视。频繁的接触之所以能降低歧视,至少有以下三个原因:(1)歧视有可能是不了解所致,通过相互接触,可消除彼此的不了解;(2)黑人和白人的自然特征和社会特征均不同,通过接触,黑人和白人都会审视自身的特征;(3)黑人之间的歧视较少而彼此接触较多,正因为他们能够审视自身的特征。

有证据清晰地表明,越是年龄大且教育程度高的非白人,其所遭受的歧视程度越严重(这并不意味着那些年龄更大且教育程度更高的白人比那些年龄较小、教育程度较低的白人更为歧视他人,也没有任何证据直接支持这点)。年龄更大且教育程度更高的非白人所遭受的歧视更大,这可能是歧视与职业之间正相关关系的反映,至少部分原因如此,因为年龄更大且教育程度更高的非白人往往也是处于较高的、有更大权力的职业位置上。处于较低职业位置的白人可能会极为歧视他们,因为这些非白人拥有足够大的权威和决策权。尽管可反映不同职业里白人和非白人收入的数据极为有限,但已有的大致的证据并不与此假设矛盾。与之相关的另一个解释是,那些年龄更大、教育程度更高的非白人之所以遭受的歧视更大,是因为相对于雇用他们的人来说,他们的收入很高。这种解释强调的是,接触的层次也可以用收入来衡量,而白人的歧视程度有可能是其收入(相对非白人)的减函数。歧视与接触的"层次"之间的关系(正相关抑或负相关)是否为"歧视随年龄和教育程度的增加而增加"的一个重要解释,现在还无法确定。

在每一个地区里,相同的经济生产要素的歧视偏好极为相近,但是,读者在接受这个结论的时候要谨慎,因为所用的统计程序很可能高估了这种相似性。

在过去的几十年里,围绕针对黑人和其他非白人的歧视问题的地区差异,有很多争论,也有很多立法措施。利用基于歧视系数概念的分析思路,我们就可以进行地区差异的首次量化估计。1940年,就平均而言,美国南方的歧视偏好值约为北方的两倍。尽管南方的黑人更多,但这并没有解释歧视的地区差异,其他变量也没能解释这种地区差异,目前,还只能说这反映了歧视偏好的地区差异。

随着时间的推移,黑人的绝对和相对经济地位是怎样发生变化的?要深入了解这个问题,就要看一下反映20世纪前50年里黑人和白人的职业地位的几个数据。数据显示,无论是北方还是南方,黑人的平均职业地位都在大幅提高,但相对职业地位(相对白人)却未发生什么变化:在北方,1950年黑人的相对职业地位仅比1910年稍高,而在南方,1950年黑人的相对职业地位比1910

年还稍低。诚然,无论是南方还是北方,的确发生了很多重要且与之有关的变化,但从黑人相对职业地位并未发生大的变化来看,我们可以得出一个初步的结论,即在1910年到1950年的40年间针对黑人的歧视既没有大幅增加,也没有明显下降。

10.3 市场歧视与市场隔离

歧视偏好固然是实际发生的歧视的理论解释的重要组成部分,但二者的关系绝非简单而唯一。该理论还包括对其他变量的分析,这些变量决定了可观察的歧视偏好的表现形式。假设有两个群体,分别为 N 和 W。歧视偏好通过针对 N 或 W 的歧视引起市场歧视或市场隔离,从而影响了市场关系。

如果歧视使得 N 的平均净工资率(或收入)下降的百分比大于 W,则存在针对 N 的市场歧视。**市场歧视系数**(MDC)即被定义为 W 对 N 的实际平均净工资率(或收入)之比与无歧视情况下二者之比的差。如果不存在歧视,则 MDC 值为 0,且 MDC 为针对 N 的市场歧视值的增函数。如果 N 和 W 在生产中可完全替代且在所有市场中均存在完全竞争,则 MDC 仅为 W 和 N 的实际平均净工资率(或收入)的百分比差异。如果群体 N 的成员之间的互动频次多于无市场歧视时的互动频次,则存在针对 N 的成员的**市场隔离**,**市场隔离系数**(market segregation coefficient,简写为 MSC)可定义为实际接触与无隔离条件下的接触频次之差。这两个概念很容易混淆,要对歧视偏好的可观察的结果有个清晰的理解,就必须对市场隔离和市场歧视进行严格区分。

市场歧视既可用于分析单个的劳动市场和资本市场,也可用于分析所有混合市场类型。在对混合市场类型进行分析时,需要用到一个模型,模型中,W 和 N 的成员拥有不同数量的两类同质生产要素——劳动和资本。如果 W 或 N 施加的歧视使 N 的总收入净值(即净精神成本)的下降幅度大于 W,则存在针对 N 的有效歧视。暂时排除政府歧视和垄断行为,我们就可以完全看到竞争的经济中导致有效歧视的结构性因素。

歧视必定会减少 N 和 W 的总收入净值,如果

$$\frac{Y_w}{Y_n} > \frac{l_n}{l_w},$$

则歧视会使 N 的总收入净值的降幅大于 W,其中 Y_n 和 Y_w 分别为无歧视时 N 和 W 的总收入,l_n 和 l_w 分别为 N 和 W 提供的劳动数量。如果与 N 的"劳动上占多数"相比,W 的"资本上占多数"更明显,则针对 N 的有效歧视就会发生。如果仅 W 施加了歧视,则该不等式就是必要且充分条件,但如果仅 N 施加歧视,则该不等式就不是必要条件。政治歧视往往对政治上的少数派最严重;该结果表明,经济歧视对经济上的少数派也往往是最严重的。

如果 $l_n < l_w$ 且 N 的劳动供给较为充足,就一定会发生针对 N 的有效歧视。这解释了何以美国的黑人比白人遭受的歧视更大:即使不存在垄断、工会和政府歧视,仅白人对黑人施加的大量歧视都会大大降低黑人的净收入,更不用说黑人对黑人施加的歧视了。

显然,针对那些出卖某种劳动(或资本)的 N 的成员的 MDC 取决于市场中与 N 一起工作的所有群体(生产要素、雇主、消费者)的平均歧视偏好。但是,针对 N 的 MDC 又不仅仅取决于此。

第十章 小 结

如果某个群体与 N 是互补而不是相互替代的,则既定的歧视偏好会引起更大的市场歧视,因此,替代者和互补者之间的歧视偏好分布很重要。

某个群体内部成员之间的差异可能也很重要。在每个均衡位置,某个群体的部分成员与 N 一起工作,其余成员与提供相同数量的劳动的 W 的成员一起工作,则很容易看出,与 N 一起工作的人,其对 N 的歧视系数相对小。N 相对 W 供给的增加,意味着部分与 W 一起工作的人会转而与 N 一起工作;由于他们的歧视系数较大,只有在与 N 一起工作时的相对收益增加时,他们才被吸引到与 N 一起,且与此同时对 N 的 MDC 必定增加。因此,如果某一群体内部的歧视偏好不同,则 N 的相对供给的任何变化都会引起 MDC 的变化。不过,如前所述,同一群体的成员对非白人的歧视偏好值往往相近。

劳动和产品市场的集中程度也与歧视程度有关。就平均而言,竞争性行业里的雇主歧视程度小于垄断性行业。笔者对 1940 年美国南方的垄断性行业和竞争性行业的雇主歧视情况进行了深入研究。研究发现,在所普查的八大职业中,相对于竞争性行业,垄断行业雇用的非白人数量与笔者的理论分析颇为一致。另一个理论分析结果是:工会化的劳动市场里的雇员歧视要大于同等规模下的竞争性劳动市场,但该理论分析尚未得到实证研究的验证。

本书所用到的分析思路表明,在歧视系数不变的情况下,针对 N 的市场歧视与 N 在生产过程中的相对经济重要性之间呈负相关关系。经验证,所有的证据都与此理论分析一致。例如,在那些与白人较少接触的职业和行业中,黑人的数量往往更多。

黑人和白人的隔离也会出现,因为与白人相比,黑人歧视其他黑人的想法要少,在我们的社会制度和经济制度下,可以看到这种隔离现象。但完全的市场隔离不可能出现,因为黑人和白人所拥有的要素的相对供给不同,这就使得黑人在与白人进行"贸易"的时候有利可赚,尽管存在着白人对黑人的严重的歧视。如上面提到的,隔离与歧视很容易混淆,例如,在讨论黑人住房问题时,这种混淆更为明显。很多白人并不想在黑人住所附近居住,其主要原因正是居住隔离而不是很多人认为的居住歧视。只有在很多白人宁愿放弃收入也不将房屋租给或卖给想在其他白人住所周围居住的黑人时,才是居住歧视。笔者的推测是,这种居住歧视的行为其实并不普遍,在北方很多城市里的居住歧视是黑人迁入和居住隔离的结果。

白人和非白人的差异可从针对非白人的歧视的角度来解释,但基于偏袒白人的偏爱理论几乎具有完全一样的实证意涵。换言之,就实证层面而言,建立在对某群体的"恨"的基础上的理论与基于"爱"的理论并不易区分。因此,对运用实证的经济分析方法处理的问题而言,大多数时候,这两种理论可交互使用;同时,对那些运用规范的经济分析方法的问题下结论时,在很大程度上是取决于其决策动机是基于"恨"还是基于"爱"。

10.4 进一步研究的建议

由于本书所用的理论框架与常识和量化的证据一致,因此,这里不妨提出一些建议,以利于将来做更深入的探讨,产生更多的成果。对白人和非白人的差异进行深入分析是很有价值的,因为这

第十章 小　结

方面的数据很多,而针对非白人的歧视问题又是一个亟须解决的问题。1940年的歧视在地区间差异很大,这并不能用非白人的地区分布来解释。1950的普查数据也应如是观;如果都是类似的结论,那就应该找到可以解释这种差异的其他变量。一般来说,非白人的失业问题比白人严重,这是否与本书的分析相一致?这也是一个值得探究的问题。

下一步的研究还应确定雇主歧视、雇员歧视、消费者歧视和政府歧视的相对重要性。关于垄断性行业和竞争性行业里的雇主歧视的相对值问题,可就此做进一步研究;在工会化的劳动市场和竞争的劳动市场,雇员歧视的相对值问题也可做进一步的探索,而对后一个问题的进一步研究,可能会带来丰硕的成果,因为很多时候,言即被视为行,即,工会宣言一直以来都被看作工会行动的同义词。

1950年的普查数据可用来确定住房市场中的隔离和歧视的范围、程度和原因。关于少数族裔的住房问题的文献极为庞杂,因而这也是一个很有前景的研究领域。

关于针对某个非白人群体的市场歧视与其在生产过程中的重要性的关系问题,还可做更为深入的研究。已有的研究文献中,对这方面的关注还不多。

已有足够多的证据证明:针对非白人的歧视随非白人的年龄和教育程度的增加而呈现出系统性增加。在未来的研究文献中,有关非白人教育的诸多障碍问题很可能会很多,这会使得非白人的教育状况(相对白人)得到改善。如果不存在歧视,则非白人的收入(相对白人)也会增加。然而,由于对非白人的歧视是随着其教育程度的增加而增加的,因此,非白人的教育程度的增加很可能使得他们的收入相对白人来说只是略微提高而已。非白人的年龄越大、教育程度越高,其受到的市场歧视就越大,探究其中的原因很重要。

本书的分析思路的信度到底有多大,可用将其运用到对其他群体的分析来检验,这些群体包括女性、犹太人、某种性格类型的人、某个社会等级或社会阶级的成员等。在对这些群体进行分析时,数据不足成为深入研究的障碍,当然,女性群体除外,因为这方面的经济信息很多。对男性和女性的收入差距和职业地位差异的分析很有用,这不仅是因为现实中经常发生针对女性的歧视,而且还因为人们普遍认为男性和女性在"生产率"方面的差异是这两种差异的重要原因之一。对其他少数族裔的歧视通常说明人们不愿意承认一个事实,即他们与少数族裔之间的"生产率"和"歧视偏好"方面存在重大差异。我认为这些差异很重要,尽管本书的探讨有时也低估它们,从而产生偏差。对女性相对收益的分析将为对其他所有少数族裔的歧视问题的分析带来信心。

本书的分析可视为对非货币变量的量化分析的一个案例研究。近年来,很多研究者强调了职业选择、工作环境等非货币变量的重要性,然而,对于如何将这种重要性进行量化估算这个问题,则鲜有其作。本书对歧视的分析或可指明了对非货币变量的量化分析的思路,这或许是本书的最有用的副产品吧。

附录

诺贝尔经济学奖获奖演讲：
以经济学的方法看待人类行为[*]

将传统的个体理性选择理论用于分析那些经济学家通常不去思索的社会问题，其重要的一步就是考虑进人类更为丰富复杂的态度、偏好和盘算。虽然这种用以研究人类行为的方法是建立在个体选择理论的扩展应用之上的，但并不主要关涉个体。它在微观的层面运用了这种理论，以作为一极有用之分析工具，从而得出群体层面或宏观层面所隐含的原理。这篇演讲稿即展示了这种方法，并结合我以前的和现在的著作中的若干个例子来具体说明。

---

[*] 本文是在1992年12月9日瑞典斯德哥尔摩诺贝尔奖获奖演讲稿基础上略加修改而成。谨以此文缅怀乔治·施蒂格勒，我获奖时差不多正是他去世一周年的忌日。他是诺贝尔经济学奖得主、杰出的经济学家、我的良师益友，如能目睹我获得1992年的诺贝尔经济学奖，他一定会分享这份喜悦。关于此文，詹姆斯·科尔曼(James Coleman)、理查德·波斯纳(Richard Posner)、舍温·罗森(Sherwin Rosen)、拉贾·塞(Raaj Sah)、何塞·沙因克曼(José Scheinkman)、理查德·斯特恩(Richard Stern)、斯蒂芬·施蒂格勒(Stephen Stigler)等提出了宝贵的意见。

一、经济学的方法

我的研究是用经济学的方法来分析经济学家们通常不去思索的社会问题。在本演讲中,我将介绍一下这种方法,并结合我过去和现在的著作中的若干个例子来具体说明。

与马克思主义者的分析理路不同,我谈及的经济学的方法并不假定个体的行为仅由自私或物质利益的动机驱动。这是一种分析方法,而非某种有关动机的假设。我和其他人一道,一直劝说经济学家走出狭隘的自利假设。实际上,人类行为受到更为多样的价值和偏好的驱动。

这种分析思路假定:每个个体行为都是要使自身的福利最大化,就像那些经济学家认为的那样,不管这些个体是自私的还是利他的、忠诚不贰还是居心不良,抑或是受虐狂。他们的行为都被假定为深谋远虑,且并不随时间的推移而发生变化。尤其是,他们还尽己所能地预测自身行为的不确定的后果。不过,深谋远虑之行为必然是鉴于往事,因为往事对人之态度与价值判断往往影响深远。

人的行为受制于收入、时间、不完整的记忆和计算能力以及其他有限的资源,也受制于经济活动及其他场合的机遇。这些机遇在很大程度上又是由其他人的个体行为和其他组织的集体行为决定的。

虽然上述种种限制性因素在各自不同的情境中起到关键作用,但其中最为根本的约束性条件为时间的有限性。经济发展和医疗进步固可延长人的寿命,却无法延缓时间的自然流逝,因为对每个人来说，每天都是 24 小时。因此，在富国，商品和服务可以迅速增加，但消费这些商品和服务的时间却不会增加。

因而，无论是富国还是穷国，人们总会有"欲壑难填"之感。商品的日益丰裕很可能会降低附加商品的价值，因此，随着商品的日渐丰富，时间愈加宝贵。即使是在人们的需要都能得到完全满足的乌托邦，人们的福利并不能得到提高，因此，时间的有限性使得这种乌托邦只能是空中楼阁。这就是有关时间分配的研究文献中所揭示的问题。[203]

接下来，我将用四个各不相同的议题的例子来展示经济学的方法。要理解少数族裔遭受的歧视，有必要拓宽偏好的概念，使之可涵括某些群体所遭受的偏见和敌意。对犯罪的经济学分析也涵括了对理性但非法的行为及其他反社会的行为的经济学分析。人力资本的视角则考量的是经由对教育、技能和知识的投资后市场中及非市场中的人的生产率的变化情况。对家庭的经济学分析则运用了效用最大化、长远考虑等视角解释了结婚、离婚、生育及家庭成员的关系等问题。

二、对少数族裔的歧视

尽管对非我族类的歧视问题一直存在，但除了少数几篇对女性的就业歧视的讨论之外，[204] 1950 年代之前的经济学家对此问题几乎没有什么研究。在我读研的时候，我就对因种族、宗教信仰和

---

[203] 关于这个问题的早期研究，参见贝克尔(1965)和林德尔(Linder,1970)。
[204] 参见福西特(1918)，埃奇沃思(1922)。

性别而来的歧视问题忧心不已,我采取了用歧视系数的概念来构建某些群体成员遭受的偏见和敌意问题的分析思路。

通常的假设往往认为雇主只考虑雇员的生产率,认为工人会忽视与他们一起工作的同事的特征,认为消费者只关心产品和服务的质量;与此相反,歧视系数则将种族、性别及其他方面的个人偏好特征及态度考虑进来。雇员有可能会拒绝在黑人或女性手下工作,即使在他们/她们手下工作会获得较高的收入,消费者也可能不愿意与黑人汽车销售人员打交道。只有拓宽常规的假设,才有可能理解横亘在少数族裔面前的障碍。

针对少数族裔在工资和就业方面遭受的可观察的歧视程度也许不仅取决于歧视偏好,也取决于诸如竞争程度、公民权立法状况等其他变量。在1950年代,对偏见与其他变量如何相互影响问题的系统分析无疑由亚当·斯密及冈纳·缪尔达尔的开拓性著作《美国的两难困境》(1944)提出的补偿性差异的重要理论导夫先路,但后继乏力,仍有很多有待研究的问题。我曾花了数年功夫来建构一种理论,即歧视偏好是如何决定实际发生的收入和就业中的歧视?此外,像劳动和产品市场的竞争程度、主体群体的歧视系数分布、少数族裔的教育和培训机会、中位数的投票者的投票结果及其他可决定立法是否有利于少数族裔的投票机制等又是如何决定实际发生的歧视?我导师鼓励我将博士学位论文出版,这就是后来的《歧视经济学》一书(1957年第一版)。此后,我继续写书而不是仅仅写文章,这种做法在经济学界并不多见。

市场中实际发生的针对少数族裔的歧视取决于雇主歧视、雇员歧视、消费者歧视、学校歧视和政府歧视共同作用的效果。有分析表明,对于某个偏见值,外部环境有时会大大降低这个偏见值,有时又会放大这个偏见值。例如,如果许多公司的员工主要是黑人或女性,则生产效率相同的黑人与白人或女性与男性员工之间的工资之差异程度远小于黑人和女性所遭受的偏见的程度。

的确,在生产中的规模收益恒定的情况下,技能分布情况相同但又相互隔离的两个经济体可避开歧视,无论其中的一个经济体成员对被隔离的少数族裔是否有歧视的意愿,这两个经济体成员的工资及对其他资源的收益是相同的。因此,市场中的主体群体施加的歧视是有效的,因为少数族裔的成员无法为那些专门招聘使用他们的公司提供足够数量的各种技能。

如果与少数族裔相比,主体群体足够强势(如在美国,白人数量为黑人的9倍,其人均人力资本和有形资本也远较黑人为多),则主体群体施加的市场歧视几乎不会降低自身的收入,但却可以大大降低少数族裔的收入。但如果少数族裔成员人数占总人口的比例相当大,则主体群体所施加的歧视也会殃及自身。

关于这个命题,不妨看一下南非的歧视问题。南非黑人人数为白人的5倍左右,对黑人的歧视也会大大伤及白人,尽管某些白人群体会从中获益。[205] 由于白人要承受巨大的成本,这就解释了南非的种族隔离制度及南非白人(布尔人)的公然歧视从来都不那么有效,终不过是虎头蛇尾,无果而终。

许多经济学家有这样的印象:他们认为我对偏见的分析暗示

---

[205] 参见贝克尔(1957,1971)第30~33页;哈特(1964);兰德尔(Lundahl,1992)。

了从"长期"看市场歧视会消失。[206] 他们的这种印象是错误的,因为我的分析表明:那些并不想施加歧视的雇主能否在与其他所有施加歧视的雇主的竞争中胜出,不仅取决于潜在雇主的歧视偏好的分布状况,而且重要的是还取决于厂商的生产函数的类型。[207]

而且从实证看,雇员的长期歧视和消费者的长期歧视更为重要,因为与雇主相比,雇员和消费者是市场歧视的更为重要的源头。没有理由期望这些群体施加的歧视能逐渐消失,除非存在有效隔离的厂商和有效隔离的商品市场,那倒是有可能。[208]

近年来,出现了一种新的理论进展,即着重分析定型化的推理而来的歧视或统计上的歧视的后果。[209] 这种分析暗示:雇主、教师及其他有影响的群体总是认为少数族裔成员的生产效率较低,其实这种看法可以说是不证自明的,因为这种根深蒂固的看法会使得少数族裔在教育、培训和工作技能(如守时的观念等)方面的投资减少,这种投资不足会使得少数族裔的生产率降低。[210]

在过去25年里,来自许多国家的有关黑人、女性、宗教团体、移民等的收入、失业状况和职业情形等证据都大大增多。这些证据更充分地记录了少数族裔的经济地位及不同环境下的变化情况。

基于偏见的歧视的经济理论暗示:厂商或工人施加的实际歧

---

206 阿罗(1972)可能是第一个如此宣称的人。
207 参见贝克尔(1957,1971)第43~45页。
208 参见凯恩(Cain,1986)对这个问题及其他有关歧视的问题的精彩评论。
209 参见菲尔普斯(1972);阿罗(1973)。
210 对此的新近的精彩分析见劳里(Loury,1992)。

视值可用不雇用他们不喜欢的群体成员或不与之一起工作而损失的利润或工资值来测量。消费者施加的歧视可用他们不购买由他们不喜欢的群体的成员生产的产品或提供的服务而付出的更高的价格来衡量。不过,关于上述流失的利润、工资或付出的更高的价格的证据一般很难获得,因此对某群体的歧视通常可用下列办法来测量,即将相同学校教育年数、工作经历及其他可测量的特征的该群体成员的收入与"主体群体"成员的收入进行比较。由于这种间接的方法有明显缺陷,对于少数族裔的较低收入的原因的不一致之处,这些研究并没有解决好。

近来关于银行在抵押贷款是否存在对黑人和其他少数族裔的歧视的研究,通常是将收入、信用记录及其它特征相似的少数族裔申请者与白人申请者得到贷款的可能性进行比较。结论通常是:与白人相比,上述相似特征的黑人而不是亚裔美国人在贷款时遭拒的可能性大为增加。

不幸的是,这些学生并没有使用正确的方法来评估银行是否施加歧视,而银行是否歧视又决定了贷款贷给黑人(及其他少数族裔)是否比贷给白人更能获利。这就需要检视贷款申请者以前贷款是否按期未按期还款及其他还款记录、收取的利息率等。如果银行歧视少数族裔申请者,则他们将资金贷给少数族裔申请者将比贷给白人能从中获得更多的利润,原因是,那些施加歧视的银行宁愿贷款给白人申请者而仅获微利也不愿意贷给黑人申请者。

三、犯罪与刑罚

我对犯罪的研究始于 1960 年代的一次亲身经历。有一天我驱车前往哥伦比亚大学参加经济学理论专业的一名学生的答辩。我迟到了,我必须迅速做出决定:把车停在停车场还是冒险把车停在大街上(这显然违反交通规则,为此很可能会收到交通违章通知单)?我综合盘算了一下收到交通违章通知单的可能性、处罚的力度和停在停车场的成本,最终决定值得赌一把,于是把车停在了大街上(结果是我并没有收到违章通知单)。

当我穿过校园的几栋大楼奔向答辩现场时,我突然想到,市政当局很可能也像我刚才那样经过了一番盘算分析。他们检查停车的频次和对违规者惩罚的力度取决于其对像我这样的潜在的违规者进行盘算的估算结果。当然,那个参加答辩的学生可就倒霉了:我向他提的第一个问题就是让他求解违规者和警察的最优行为,而这个问题当时我自己也没有答案。

在1950年代和1960年代,对犯罪的问题的学术讨论是由以下观点主导的:犯罪行为是因为精神有问题和社会压制使然,罪犯也是不幸的"受害者"。其典型代表就是某著名精神病学家的《刑罚之罪》(*The Crime of Punishment*)[211]一书。此类观点对社会政策逐渐产生了重要影响,表现在法律发生了变革,扩大了罪犯的权利。法律变革的后果就是减少了对罪犯的逮捕和判罪,而对守法者则保护不力。

有种假设认为,罪犯与其他人的行为动机极为不同,对此我并不认同。相反,我认真研究了"犯罪行为是理性的"[212]这个假设的

---

211 参见门宁格(Menninger,1966)。
212 参见早期的开拓性著作:边沁(1931);贝卡里亚(Beccaria,1797,1986)。

理论意涵和实证意涵,但"理性"并不意味着一种狭隘的唯物主义。该假设虽然也承认很多人出于道德、伦理的考虑而约束自身的行为,因而并不会去犯罪,即使犯罪有利可图或无人发现,但如果大多数人都是这种态度,那么警察和监狱就是可有可无的了。"理性假说"则暗示说,某些人之所以沦为罪犯,是因为考虑到被逮捕和判罪的可能性及刑罚的严厉程度,犯罪所获得的金钱及其它收益要多于合法的工作所得。

犯罪的数量不仅取决于理性和愿意成为罪犯的偏好,还取决于公共政策所营造出的经济和社会环境,这些公共政策包括花在警察上的费用、对各种犯罪行为的惩治力度、就业机会、学校教育及培训计划等。显然,可就业的合法工作的类型以及法律、秩序和刑罚也是研究犯罪的经济学方法的一部分。

如果在削减抓捕犯罪分子的支出的同时大幅增加对已判有罪者的刑罚的支出,则打击犯罪的这项公共支出总额就可减少,且同时维持数学期望的刑罚不变。然而,与严厉的刑罚相比,不逞之徒更易为较高的判罪率震慑。因此,国家的最优行为应当是权衡一下这个问题:如果不逞之徒的特殊偏好未必会受到惩罚,则他们被判有罪的概率就会减少,这样一来花在警察和法庭方面的支出就会减少,这样做是否值得?当然,国家也应考虑到刑罚殃及无辜的可能性。

在我研究犯罪问题的早期阶段,我曾对一个问题百思不得其解:为什么说盗窃行为对社会有害?因为盗窃看上去无非是重新分配资源而已——通常是劫富济贫。后来,我解开了这个谜团:罪犯买武器需要花钱,密谋、实施犯罪是需要花费时间的,而这种在金钱和时间的花费并非社会生产性的——现在被称为"寻租",因为这并不能创造财富,只是运用暴力对社会财富进行重新分配而已。[213] 我是用直接失窃的美元值估算一下盗窃的社会成本,因为这是理性的罪犯愿意为其犯罪行为而付出的最高成本数。我还把潜在的受害者为防罪犯、出于自保而花费的资源加进去。

对犯罪研究的经济学方法之所以有如此大的影响,原因之一就是,该分析方法同样可用于对所有执法行为的研究,包括有关最低工资的立法、空气清洁法、惩处内线交易等证券违法行为的法律以及对收入税逃税行为的惩处等。由于仅有极少数法律为"自我实施"的,因而绝大部分法律都需要有判罪和惩处方面的支出,以震慑违法者。美国判决委员会(U.S. Sentencing Commission, 1992)就运用了对犯罪的经济分析来修改相应的规定,使法官在惩处联邦法的违法者时有章可循。

在过去的25年里,运用经济学的方法来研究犯罪已经非常普遍。这其中就有对最优边际惩罚以控遏犯罪行为升级(如防止绑匪撕票[214])的分析,以及对私人执法与公共执法之间的关系的分析等。[215]

罚金比监禁及其他某些法律惩罚来说更为可取,因为如果罪犯财力丰赡,则罚金可有效阻遏其犯罪行为的实施,只要罪犯不具

---

[213] 贝克尔(1968),第171页,脚注3。
[214] 对此问题的最新研究见施蒂格勒(1970)。
[215] 参见贝克尔和施蒂格勒(1974);兰德斯和波斯纳(Landes and Posner, 1975)。

有法律术语所说的"抗判决性"(judgment proof)[216]。而且罚金比其他惩罚方法也更为高效,因为违法者的成本就是国家的税收。对于罚金与其他法律惩罚手段之间的关系,我的讨论分析已经很明确清晰,且有了重大改进。[217]

关于刑期、判罪率、犯罪情况、失业率、收入不平等及其他变量对犯罪率的影响的实证评估,不仅数量越来越多,而且精确度也越来越高。[218] 其中的最大争论就是死刑能否控遏杀人的这个问题,此争论虽触动了人们的神经,但仍未取得一致意见。[219]

四、人力资本

一直到1950年代,经济学还都普遍假设劳动能力是既定的,并不会增大。虽然亚当·斯密、阿尔弗雷德·马歇尔、米尔顿·弗里德曼等都有对教育及其他培训的投资的深入分析,但都没有整合到对生产率的讨论中。之后,西奥多·舒尔茨等人开始了这方面的开拓性的研究,探讨人力资本投资对经济增长及相关经济问题的影响。

人力资本分析的起点是如下假设:个人是通过衡量成本与收益来决定教育、培训、医疗保健等增加自身知识和增进自身健康的行为。收益包括文化收益和其他方面的非货币收益以及自身的收

---

[216] "抗判决性"指由于种种原因(如无力支付)使征收罚金的判决实际上无法执行。——译者注

[217] 如,可参见波林斯基和谢弗尔(Polinsky and Shavell, 1984);波斯纳(1986)。

[218] 对此的开拓性著作是埃利希(Ehrlich, 1973),此后的研究文献就很多了。

[219] 如,可参见埃利希(1975);美国国家研究委员会(National Research Council, 1978)。

入的增加和职业地位的提高,而成本则主要取决于为了这些投资而放弃的时间的价值。人力资本的概念还涵括了长期形成的行为和其他习惯,甚至还包括如吸烟、吸毒等不良嗜好。人力资本如果表现为良好的行为习惯,其对市场部门和非市场部门的生产率有积极的作用;如果表现为如嗜酒成性等恶习,则对市场部门和非市场部门的生产率有消极作用。

在人力资本的大标题之下的各类行为有助于理解何以人力资本这个概念如此有效和有用。这也意味着对人力资本的投资或减少投资的过程通常可在很大程度上改变一个人:培训可使一个人从长期待业、失业状态转变为有稳定而较好收入的生活状态,而长期嗜酒成性的恶习可对事业、健康甚至思维能力造成损害。

今天,人们对人力资本这个概念并没有争议,而在1950年代和1960年代,当有人运用此概念作为分析方法时,却遭到了反对和抵制,这在今天看来或许很难理解。当时有人称,人力资本这个概念本身即含有贬损的含义,因为这等于说把人看作机器。把学校教育视为一种投资而不是文化积累,这在很多人看来既无情又狭隘。结果是,我犹豫了很长时间才决定把我的那本书书名定为《人力资本》(1964),但我还是加上了一个很长的副标题(这个标题我已记不得了)[220],以免引起麻烦。到后来,经济学家(其它领域的专家就更不用说了)才逐渐接受了人力资本这个概念,认为是分析经济问题和社会问题的一个很有用的工具。

---

[220] 该书副标题是"关于教育的理论和实证分析"(A Theoretical and Empirical Analysis with Special Reference to Education)。——译者注

当初我之所以要研究人力资本问题,是因为那时我正要计算男性、女性、黑人等群体从不同层次的教育的投资中获得的回报率(包括个人的回报率和社会的回报率)的问题。后来,有一点越来越清晰,那就是:用人力资本的概念分析可有助于解释劳动市场及一般经济体的很多规律。看来,将其发展为一个既包括厂商的行为又包括消费者行为、更为一般的人力资本理论是有可能的,这样,就可以思考该概念的宏观经济方面的含义。

高学历者因其能力更强——智商更高、才能更优——而收入更多,实证分析试图修正这方面的数据。实证分析也考虑到了死亡率、收入税、先前的收入和经济增长等对教育的回报率的影响。对能力的矫正从表面看不是很重要,但成人死亡率的较大变化、较高的经济增长率的影响却很大。梅尔策(Meltzer,1992)最近的研究即指出:非洲很多国家和地区的年轻男子的较高死亡率(特别是死于艾滋病)的确对其人力资本投资产生了很大的消极影响。

明瑟(1974)的经典著作大大推动了对人力资本投资问题的实证研究。之前的分析是收入与学校教育年限之间的单回归分析,[221]明瑟则将其扩展,将表征在职培训和工作经验的变量——学校毕业后的年数——也包括了进来,这个变量虽稍嫌粗略,不过倒也有用。而且明瑟用的是许多单个个体的观察数据,而不是某个群体的数据,他还仔细分析了收入方程组余项的特征。现在,关于教育和培训的回报率的估算数据很多,涉及很多国家,[222]而在对微

---

221 见贝克尔和奇兹威克(Becker and Chiswick,1966)。
222 对此文献的总结,可参见萨卡罗鲍罗斯(Psacharopoulos,1985)。

观经济体进行实证的回归分析时,收入方程很可能是最常用工具。

已有的关于学校教育和培训的经济收益的证据还提升了人力资本在政策讨论中的重要性。对人力资本理论的推崇也使得政府在解决如何促进增长和提高生产率有了新思路,例如,最近的美国总统大选就强调对人力资本的重视。

对人力资本分析的最有影响力的理论概念之一就是对通用型培训/知识和特定培训/知识的区分。[223] 按照定义,公司提供的特定的知识对该公司有用,而通用型知识则对所有公司都有用。教人学习 IBM 兼容 PC 是一种通用型培训,而了解某个公司的组织架构、了解员工才能则是特定知识的学习。这种区分有助于解释何以那些专业技能很强的工人辞职的概率较低且在经济衰退时是最后被裁掉的。这也解释了何以大多数的提拔晋升都是在公司内部进行而不是通过雇用的途径进行,因为工人需要一段时间才能了解公司的结构和"文化";还可解释为什么大多数公司的重要资产表中特辟员工的人力资本的记账方式更胜一筹。

针对本企业的特定培训的投资可带来收益,这个收益为雇主和雇员共享,但这个共享过程很容易导致"机会主义"行为:双方都想从这投资后的收益中拿大头。特定培训带来的收益和机会主义是有关组织如何运转[224]和委托代理问题[225]的现代经济理论的重要内容。特定资本的共享和收益分成原理还可用来分析离婚"市

---

[223] 参见贝克尔(1962);奥伊(Oi,1962)。

[224] 参见威廉森(Willianson,1985)。

[225] 如,可参见格罗斯曼和哈特(Grossman and Hart,1983)。

场",以此解释离婚率和结婚中的讨价还价问题;[226]还可用来分析政治"市场",以此解释政治家的低流动率。[227]

人力资本投资理论将收入不平等与天赋、家庭背景、遗赠及其他财产等差异联系了起来。[228]很多对不平等问题的实证研究也建立在人力资本理论概念——特别是学校教育和培训——的基础上。[229] 1980年代的美国收入不平等程度大大加剧,对此问题引发了很多政治讨论,而这种收入不平等的加剧在很大程度上可解释为教育程度越高、接受过更好的培训者的收入更高。[230]

人力资本还可为所谓收入中的性别鸿沟提供了一个极有吸引力的解释。在过去,女性之所以比男性更容易从事兼职和临时性工作,部分原因是她们在生儿育女后会暂时退出劳动力市场。此后,她们对那些本可增加她们收入、提升工作技能的教育和培训的投资的动力就小得多。

在过去的25年里,一切都发生了变化。家庭规模变小了,离婚率增加了,服务部门迅速增加(这些服务部门里的员工往往是女性),持续的经济发展在提高男性收入的同时也提高了女性的收入,还有民权立法,等等,这些都使得女性进入劳动力市场的比例增大,也使得她们愿意为市场所需的技能而投资。特别是在富国,这些变化大大提升了女性的职业地位和相对收入。

---

[226] 参见贝克尔、兰德斯和迈克尔(1977);麦克尔罗伊和霍尼(McElroy and Horney,1981)。

[227] 参见凯恩、费尔约翰和菲奥里纳(Cain,Ferejohn and Fiorina,1987)。

[228] 参见贝克尔和托姆斯(Becker and Tomes,1986)。

[229] 参见明瑟(1974)。

[230] 如,可参见墨菲和韦尔奇(Murphy and Welch,1992)。

特别值得一提的是美国所发生的变化。从 20 世纪 50 年代中期至 70 年代中期,其全职工作者中,收入的性别差异约为 35%。女性的经济地位稳步、持续提升,结果是收入差异降至 25% 以下。[231] 商业学校、法律类学校及卫校的女性学员骤增,原本几乎是清一色的男性的技能性工作中也有女性的身影。

舒尔茨等人很早就强调指出:对人力资本的投资是经济增长的重要贡献力量。[232] 但没过多久,人力资本与经济增长的关系受到了忽视,因为经济学家们对已有的增长理论能否用于考察不同国家的增长过程失去了信心。而关于内生增长的更为一般的模型的再次出现,使得有关人力资本的讨论成为热点。[233]

五、家庭的形成、解体与结构

对家庭行为的理性选择的分析是建立在行为最大化、人力资本投资、时间分配、对女性和其他群体的歧视等基础上的。在接下来的演讲中,我将重点谈这个问题,因为这个问题仍颇有争议,我也趁此机会报告一下本人目前正在进行的一些研究。

《家庭论》(*A Treatise on the Family*,1981)一书的撰写,是我所经历的最为艰辛的脑力劳动。可以说,家庭是最根本的、最古

---

[231] 如,可参见奥尼尔(O'Neill,1985);戈尔丁(Goldin,1990)。
[232] 如,可参见舒尔茨(1963);丹尼森(Denison,1962)。
[233] 如,可参见罗默(Romer,1986);卢卡斯(Lucas,1988);贝克尔、墨菲和田村(Becker, Murphy and Tamura,1990);巴罗和萨拉—伊—马丁(Barro and Sala-i-Martin,1992)。

老的制度,有学者认为,家庭起源于4万多年前。[234]《家庭论》一书不仅分析了现代西方的家庭,还分析了其他文化里的家庭及过去几个世纪里家庭结构的变化。

为了弄清楚这个宽泛的议题,在六年多的日日夜夜里,我夜以继日,不知付出了多少脑力劳动,可谓心血耗尽。伯特兰·罗素(Bertrand Russell)在自传中说:写《数学原理》(*Principia Mathematica*)耗尽了他的智力,以至于他再也写不出像《数学原理》一样需要付出艰辛脑力劳动的作品。我也是在完成《家庭论》两年后,思维才开始重新活跃。

经济学对生育的分析有着光荣而悠久的历史,但近年来,有关结婚和离婚、夫妻关系、父母与子女的关系等问题,已被经济学家们大为忽视了。[235] 我的有关家庭的著作的分析起点是如下假设:当男子和女子决定要结婚、生育或离婚时,他们都是在比较收益与成本基础上竭力增加他们的福利。因此,当他们认为结婚比单身福利更多,他们就会结婚;当他们认为离婚能增加他们的福利,他们就会选择离婚。

如果那些非知识分子被告知说这种方法是有争议的,他们往往会感到奇怪,因为对他们来说,显而易见的是,个人是通过结婚和离婚来提高自身的福利的。用理性选择方法来看待结婚及其他行为倒符合"常人"的直觉经济学。[236]

但是,这种有关行为的直觉假设只是系统分析的起点而已,不

---

[234] 见索弗(Soffer,1990)。

[235] 尽管其中不乏像明瑟(1962)这样的重要著作。

[236] 见法茵尔和曼德尔(Farrell and Mandel,1992)。

要指望它们能带来有意思的发现。德芳侯爵夫人(Marquis of Deffand)在评论圣丹尼斯提头行走二里格[237]路时说:"距离不是问题,第一步才是最重要的。"同样。新的研究中的第一步也很重要,但如果没有后面的第二步、第三步……则第一步也没有多大意义。[238] 通过将行为最大化与对结婚市场和离婚市场、专业化和劳动分工、养老、对儿童的投资、可影响家庭的立法等的分析结合起来,通过如此框架,理性选择方法可走得更远。该完整模型之意涵往往晦而不明,有时难免与已有的观点正好相反。

例如,人们往往认为富人的离婚率会比较高,但恰恰相反,经济学家对家庭决策的分析表明:富人夫妇离婚的可能性反而小于穷人。根据该理论,富人夫妇双方均可从维持婚姻中收益颇多,而穷人夫妇则不然。对于一个贫穷的女人来说,如果她的丈夫长期失业,她很可能会想:维持这段婚姻是否值当?对许多国家的实证研究表明:越是富裕的夫妇,其婚姻越是稳定。[239]

夫妻间的高效沟通意味着在过去的20年里,尽管欧洲及美国出现了无过错离婚的趋势,但这种趋势并没有增加离婚率,因而与很多人的观点相反,这并不是导致离婚率迅速攀升的原因。不过,这种理论也承认:无过错离婚的确伤害了由丈夫提出离婚且生了小孩的女性。女权主义者起初支持无过错离婚,但现在她们中有

---

[237] "里格"(league),长度单位,1里格约相当于3英里或5千米。——译者注

[238] 感谢理查德·波斯纳,是他提示我注意到德芳侯爵夫人的那句名言及其与研究活动规律的类比。

[239] 如,可参见贝克尔、兰德斯和迈克尔(1977);埃尔南德斯(Hernandez,1992)。

的人开始对此进行反思:无过错离婚是否对离异女性有利?

自托马斯·马尔萨斯的经典著作问世以来,行为的经济学模型已被用于分析生育问题;瑞典伟大的经济学家科纳特·威克塞尔(Knut Wicksell)也参与了对此问题的讨论,他坚信马尔萨斯关于人口过剩的预测是正确的。但马尔萨斯的结论是生育率随经济之涨落而升降,这与以下事实矛盾:一些国家在19世纪后半期和20世纪初期成为工业化国家后出生率反而大幅下降。

马尔萨斯关于生育问题的简单模型失效后,经济学家转而坚信以下观点:家庭规模并非经济计算的结果。新古典增长模型反映了这种信念,因为各种新古典增长模型都将人口增长视为外生的和既定的。[240]

然而,马尔萨斯的方法分析问题之所以不灵,问题并不是所用的经济学理论本身,而是出在该理论被误用到对现代生活的分析上。马尔萨斯的方法忽略了以下事实:国家的生产率越高,养儿育女所需花费的时间就显得越发宝贵。时间的价值变大了,这相当于增大了养儿育女的成本,因而追求大家庭的想法就得到了抑制。此外,马尔萨斯的理论也没有考虑到以下事实:在工业化的经济体中,教育和培训显得更为重要,于是父母愿意为子女的技能学习投资更多,这就增加了大家庭的成本。随着国家的发展,时间变得越来越宝贵,学校教育及其他人力资本越来越重要,这就降低了生育意愿,并且解释了现代经济中的出生率的其他很多特征。

---

240 如,可参见科斯(Cass,1965);阿罗和科兹(Arrow and Kurz,1970)。

在几乎所有的社会里，已婚女性都要承担生儿育女的专职，并从事某些农业劳作，而已婚男子则多从事打仗和市场交易。我们既要承认男女之间存在生理差异（特别是，男子不可能生孩子、哺育儿女），又要看到市场行为中存在的针对女性的法律歧视和其他歧视（部分是通过文化形塑形成的），二者并不矛盾。在形成婚姻中的传统的劳动分工中，到底是生理差异还是对女性的歧视更为重要？对此有不同的观点，且不同观点差异很大，又带有很强的情绪化色彩。

用经济学的方法来分析劳动的社会性别（gender）分工的做法遭到了许多抨击，[241]与这些批评性主张相反，经济学的分析方法并不是要权衡生理特征和歧视的相对重要性，其主要贡献在于揭示了劳动分工如何受两者的微小变化的影响。由于运用某项技能的时间越多，从专职于此项技能中的收益就越多，因此，已婚夫妇可从明显的劳动分工中获益甚多，因为夫妻可以各自专注于不同类型的人力资本。既然夫妻都从婚姻中的专业分工中获益甚多，则任何对女性的轻微歧视或生理方面的哪怕是细小的差异，都足以使从事家务与从事市场交易的劳动分工呈现出明显的系统化的社会性别特征。劳动分工对这种微小差异如此敏感，因而可以理解何以实证的证据无法在生理特征的解释与"文化"解释中做出判定。该理论也解释了为什么在家庭规模变小、离婚成为普遍现象、女性获得收入的机会增多时，许多妇女涌入了劳动力市场。

---

[241] 参见鲍斯拉普（Boserup，1987）。

家庭成员之间的关系与公司里的员工之间或其他组织的成员之间的关系大为不同。丈夫、妻子、父母、子女之间的互动更多是出于爱、义务、不安、责任感等,而不是狭义的自利。

有一点在约 20 年前即被提到,即家庭内的利他主义大大改变他们应对突如其来的打击的应对方式,也使涉及成员间资源再分配的公共政策发生重大变革。而通过外部手段将资源从利他者重新分配给他(她)的受惠者(或者反方向的再分配)不可能对任何人的福利产生影响,因为利他主义者总是试图减少被拿来重新分配的赠与物数量。[242] 巴罗(1974)则从代际的角度得出了这个结论,这不能不使人对普遍流行的一个假设表示怀疑,即政府赤字及相关的财政政策可对经济产生实际影响。

"坏孩子定理"——这个名词很流行,即使批评者并不同意这个说法——进一步推进了对利他主义行为的分析,因为该理论揭示了自私自利者的行为是如何受到了利他主义行为的影响。在某些情况下,即使是自私自利者也会对施惠者表现出利他主义(当然,大多数父母都认为自私自利的受惠者和利他主义的施惠者的最典型代表就是自私自利的子女与利他主义的父母),因为这样做可提高他们自身的福利。如果不这样做,则施惠者的赠与物将会减少,从而降低他们的福利。[243]

《圣经》、柏拉图的《理想国》及其他古代作品都述及父母如何

---

242 参见贝克尔(1974)。

243 参见贝克尔(1974)以及林德贝克和威布尔(Lindbeck and Weibull, 1988)、伯格斯特罗姆(1989)和贝克尔(1991,第 9~13 页)等对此的细化和完善。

抚育未成年子女及成年子女如何赡养年迈的父母的问题。无论是老人还是未成年子女，他们都需要关爱：因为老人的健康状况会不断变差，精力日渐不济，而未成年子女正处于身体发育的阶段，无法独立生活。对家庭成员的关系的经济学分析则清楚地表明了这两个问题是紧密相关的。

可留下一大笔遗产的父母在年老时不一定用得着子女来养老，因为他们还可以继续资助子女。正因为这个道理，我很早就提出了一个著名的推论：在某些情况下，预算赤字及对老年人的社会保障支出实际上并没有起到作用，因为父母仅通过留下更多的遗产，就可以补偿子女将来要缴纳的更多的税负。

可留下一笔遗产的利他主义的父母往往会为子女在技能培训、习性、价值培养等方面进行更多的投资，这一点很少有人意识到。由于投资于子女的教育和技能培训获得的回报率比储蓄要高，因此父母可从中获益。通过投资于子女或者说通过减少年老时遗赠的财产数量，父母实际上是间接地为养老而储蓄。当父母决定拿出全部财产投资于子女时，只要其回报率高于储蓄收益，则父母和子女的境况都可获得改善，从而将遗产数量调整至这笔投资所需的有效资金数。[244]

然而，即使在富国，许多父母对要留的遗产数并没有规划。他们想要在年老时生活有保障，而对子女教育及其他方面的照料"投资不足"。之所以投资不足，是因为他们由于压根儿就没有想留下

244　其正式证明见"数学附录"节 A。

遗产的计划,则一旦动用部分预留的遗产来为子女投资,他们将无法获得补偿。

如果父母同意为子女投资更多以换取需要时能得到子女尽照料的义务,则父母和子女的福利状况都会获得改善。但子女的这种照料的义务能否强制执行?经济学家和律师们往往主张签订书面合同来确保子女尽义务,但你能让成人与十几岁的少年签订并履行合同?

目前我的研究的一部分就是设计一种间接的路径,使其在口头承诺和书面合同都不奏效的情况下,仍能形成这种义务。这里我就简单介绍一下这项新研究的部分内容,因为这是将经济学的方法引入对家庭行为的分析,探讨家庭内的理性偏好的形成,而目前还没有人涉足这个领域。

父母的态度和行为对子女影响非常大。父母如果酗酒或是吸毒的瘾君子,将会给易受外界影响的未成年子女造成很不好的成长环境;反之,如果父母有良好的修养,可教给子女知识,并加以鼓励,则他们对子女的能力塑造和理想形成就会产生积极的影响。经济学的方法可提供一个视角,通过观察青少年的成长经历来洞察偏好的形成,而不必采用弗洛伊德所强调的方法——他最重视婴儿在刚出生的几个月里的行为。

再说一遍,我所用的方法,无非是把一个常识进行了模型化而已,这个常识就是:成人的思维方式和价值观受孩童时代的经历影响很大。印度医生即使在美国居住,他仍可能喜欢吃咖喱饭,因为在印度成长的过程中他已对此饭菜有强烈的偏好;同样,从小就被性侵的女性很可能一辈子都对男人心存恐惧。

通过假设行为具有前瞻性,经济学的观点暗示:父母总要预料到未成年子女所经历的事情对成年后的态度和行为方式的影响。这些影响能够帮助父母决定采取何种关爱方式。举例来说,如果担忧日后的养老问题,则他们会向子女灌输不安、义务、责任、孝道,这种不那么直接却非常有效的灌输可使得子女"承诺"在父母年老时施以援手。

经济学家们对"承诺"的看法未免过于狭隘。"操控"他人的经历从而影响他们的偏好,或许不能马上见效,且还有不确定性的可能,但这的确是获得承诺的最有效的方法。要确定何种承诺才"靠谱",经济学理论——特别是博弈论——必须将不安、情感及相关的态度整合到偏好中。[245]

那些没有预留遗产的父母很可能恰愿意让子女有更强烈的不安的感觉,因为减少用在子女身上的资金固然可给父母带来效用损失,但如果将减少的这部分资金用于年老时的花销,则从中获得的效用会大于前者的损失的效用值。与预留了遗产的家庭成员相比,这种行为更为普遍,因为有子女的父母通常并不知道他们年老时能否拥有足够的资金。通过向子女灌输,使其愿意成为缓急可恃的支援力量,父母其实也在竭力自保,以应对年老时出现的健康恶化、失业等不利情形。

这种将子女的孩童时代的成长经历与父母的偏好联系起来的

---

[245] 其正式证明见"数学附录"节 B。

分析方法,与理性习性的形成的研究密切相关。[246] 父母对子女的投资,部分取决于其对子女在孩童时期的成长经历对成年后的态度和行为的预测,从这个意义上说,偏好的形成是理性的。当然,我还没来得及考虑这样一个问题:子女的行为——比如哭叫、撒娇——是否会反过来影响到父母的态度。

包括我在内的很多经济学家总是倾向于过度依赖利他主义,总是用利他主义来将家庭成员的利益联系起来。如果意识到孩童时代的经历与未来的行为是有联系的,就可减少对家庭内的利他主义的依赖。但这并不是要矫枉过正,将分析转向狭隘的自私自利上,因为我们不过是用义务、怨怒及其他态度来部分代替利他主义,而这些情感往往为理性分析模型所忽视。

如果父母期望子女因为诸如心不安等心理因素而能在他们年老时施以援手,则即使父不慈母不爱,他们也会为子女进行更多的人力资本投资,而减少为自身日后的养老费用。[247] 但附录中的式(A12)却表明,如果利他主义的父母已经使子女心不安,则他们往往宁可将自己年老时的花费小幅增加,也不愿等额增加花在子女身上的支出。也就是说,这样的父母往往会给子女的人力资本投资不足。这也间接说明:父母给子女制造心不安的感觉是有成本的,并不完全奏效。

那些并不打算留下一笔遗产的利他主义的家长会竭力营造一种"温馨"的家庭氛围,目的是使家庭成员在遇到经济困难等问题

---

246 参见贝克尔和墨菲(1988),还可参见坎德尔和拉齐尔(Kandel and Lazear, 1992)对员工的歉疚感的讨论。

247 其证明见"数学附录"节 C。

时,其他成员愿意施以援手。这点与所谓的家庭价值问题是有关联的,而家庭价值问题成了连最近的美国总统大选都关注的一个问题。在塑造子女的家庭价值观(包括义务、责任、爱等)方面,父母固然起了决定性的作用,但父母的所作所为也在很大程度上受到了公共政策和经济社会变迁的影响。

例如,假如有这样的计划:将资源转移到老年人——特别是没有给子女留下遗产的贫困家庭——那里,从而减少老年人对子女的依赖。根据我前面给出的分析,那些年老时并不需要子女养老的父母,就不会想方设法让子女更为孝顺、更为心不安及其他有利于父母的情感。也就是说,诸如此类为老年人提供很大援助的社会保障项目会使家庭成员在情感方面有所疏远,这并非偶然,而是最大限度利用政策使然。

现代社会里,促使家庭价值观发生变化的因素还有人口跨区域流动、从经济增长中获得的更多财富、资本市场和保险市场的日益完善、离婚率的日渐增多、家庭规模的日渐缩小以及公共财政对卫生保健的投入等。一般说来,这些变化使得人们的处境日益改善,但也弱化了家庭成员内部的关系,如夫妻关系、父母与子女的关系以及亲缘较淡的亲戚关系,其部分原因是,营造更为亲密的关系的动机减少了。

六、结论性评论

如果要将传统的个体理性选择进行扩展,其重要的一步就是将个体理性选择理论融进内容更为丰富的思想方法、偏好和算计等维度。在我上面提到的实例中,明显可见这种方法上的尝试。

对歧视的分析即结合了对某些群体（如黑人、女性等）成员的不喜欢或者说偏见的偏好。要看潜在的罪犯是否实施非法行为，我们就要假定潜在的罪犯会盘算其中的收益与风险，包括被逮捕的概率和刑罚的严厉程度等。在人力资本理论中，人们会理性地评估诸如教育、培训、医疗保健上的花费、移民、大大改变原来生活方式的习惯的形成等行为的收益与成本。对家庭的经济分析方法则假定，即使是涉及亲情的决定——如结婚、离婚、要几个孩子等，也是要权衡各种选择的利弊之后才能做出。这种种权衡是由偏好决定的，而偏好又主要建立在利他主义、对家庭成员的责任和义务感等的基础上。

由于对行为的经济分析方法或曰理性选择方法建立在个人决策的基础上，因而对该理论的批评往往集中于如何做出决定的某些假设。此外，批评者还否认个体行为会随时间的流逝而发生重大变化，质疑个体行为具前瞻性，特别是，当个体处于经济学家通常不会考虑的情境（如涉及犯罪、吸毒、家庭、政治行为等）时。对于这些批评意见的回应，这里就不具体展开了，我想说的是，现在还没有发展出一种可与理性选择理论相匹敌的一般方法。

我有意挑选某些主题——如吸毒——作为我的研究内容，以探求理性选择理论的界限所在。威廉·布莱克（William Blake）说过：唯见更多，方知真多。[248] 有时我的研究也要有很多理性假设，但我认为，目前很多研究并不认为人具有足够多的理性，因此

---

[248] 是乔恩·埃尔斯特让我注意到这条格言。

理性假设倒不失为矫正之良方。

虽然对人类行为的经济学分析方法建立在个体选择理论基础上,但却并不特别关注个体。这是运用本适用于微观层面的理论这个强有力的工具,来推导群体这个层面乃至宏观层面的意涵。我们可将个体的理性选择与机遇、市场均衡和非市场中的均衡、法律、规范、传统等决定性变量及方法假设相结合,以求得群体行为的结果。正因为该理论可以导出宏观层面的意涵这个主要原因,决策者及那些从事不同国家和文化差异研究的学者对此很感兴趣。

本演讲中提到的种种理论,并非要得出最大限度的理论概括,而是通过具体的某个理论导出人类行为背后的具体意涵,这些结论应能为调查数据等验证。刑罚能否遏抑犯罪?女性收入低于男性主要是由歧视所致还是女性较低的人力资本所致?无过错离婚的法律规定是否导致离婚率增加?人们对这些问题有不同的看法,这些争议难免使人怀疑基于个体理性的理论而来的预测结果的实证意义。

理论与实证检验之间的紧密联系可避免理论分析和实证研究空洞无物。有实证经验为导向的理论,可以促使新的数据类型和新的数据来源的出现,如人力资本理论激发了新的调查数据的运用方式,特别是对面板数据的运用。不能让人信服的实证结果会促使理论改弦更张,例如,西方国家的父母往往为各个子女都预留了同样数额的遗产,要理解这点,就必须丰富利他主义和家庭偏好模型。

我看到许多经济学家都想开展对社会问题的研究,而不是满足于那些传统的经济学核心问题。与此同时,社会问题领域的专家也为经济学的为行为建立模型的方法所吸引,因为个体理性的假设在分析问题时的确很有效。从事理论选择研究的理论家和实证的研究者的学派越来越多,在社会学、法学、政治科学、历史学以及某种意义上的人类学和心理学等领域极为活跃。到目前为止,社会科学不同学科的学者在分析社会问题时,理性选择模型有望成为一种共通的方法。

数学附录

A

为正式分析,兹假设每个人的一生都经历了青少年(y)、中年(m)、老年(o)三个阶段,且假设从中年阶段开始生养一个孩子。子女的青少年阶段正值父母的中年阶段,子女的中年阶段恰逢父母的老年阶段。设父母从利他主义中得到的效用与他们从为自己而消费获得的效用无关。

根据以上假设,父母的简单效用函数(V_p)可表示为

$$V_p = u_{mp} + \beta u_{op} + \beta \alpha V_c, \tag{A1}$$

其中β为贴现率,α为父母的利他主义程度,对于自私自利的父母来说,$\alpha=0$。这里,我暂排除父母虐待子女的情形(即$\alpha<0$),当然,这里的分析思路很容易一般化,从而将父母虐待子女的情形也包括进来。

设每个人只在中年阶段开始工作,获得收入。有人会把他们的收入存起来,即通过越攒越多的资金(收益为R_k)作为自己年老

时的花销 Z_{op}。父母通过为子女进行人力资本投资而影响子女的收入。投资(R_h)的边际收益可定义为

$$R_h = \frac{dE_c}{dh}, \tag{A2}$$

其中 E_c 为子女进入中年阶段后的收入,h 为投资金额数。设收益随为子女的投资额的增加而下降,即 $\frac{dR_h}{dh} \leqslant 0$。

父母必须决定是否为子女留一笔遗产,k_c 表示预留与否。如果父母在不同的年龄段均有花费,也预留了遗产或为子女进行人力资本投资,则父母的预算约束为

$$Z_{mp} + h + \frac{Z_{op}}{R_k} + \frac{k_c}{R_k} = A_p, \tag{A3}$$

其中 A 为资源的当前值。

父母的效用最大化的第一个一阶条件决定了其中年阶段的最优花费:

$$u'_{mp} = \beta R_k u'_{op} = \lambda_p, \tag{A4}$$

其中 λ_p 为父母的财富的边际效用。第二个条件决定了父母是否预留遗产:

$$\beta \alpha V'_c \leqslant \frac{\lambda_p}{R_k} = \beta u'_{op}, \tag{A5}$$

最后一个条件决定了父母为子女的人力资本投资金额:

$$R_h \beta \alpha V'_c = \lambda_p。 \tag{A6}$$

式(A6)假定:父母为子女进行人力资本投资的一阶条件是一个严格等式,总会为子女的人力资本进行一些投资。这可为稻田(Inada)条件所证实,即人力资本方面的小额投资可获得较高的回

报率。在像美国、瑞典等富国里,对子女在基础知识和营养方面进行的投资多半会带来较高的回报。只要父母并非完全自私自利者,即只要 $\alpha > 0$,则该条件意味着父母为子女进行的人力资本投资值总为正数。如果父母为完全自私自利者,则等式(A6)就是不等式了。

式(A4)决定了父母为自己的年老时的花销而预先积攒的财货数额。无论父母预留一笔遗产还是希望子女来帮助养老,都取决于(A5)中的不等式。如果式(A5)是严格不等式,则父母会希望子女能帮他们养老,不会预留遗产给子女。

不等式(A5)可改写为更有启发性的形式。如果子女也希望自身的效用最大化,则根据包络定理(envelope theorem),有

因为 $V'_c = u'_{mc}$,所以只要 $\alpha V'_c < u'_{op}$,则有 $\alpha u'_{mc} < u'_{op}$。 (A7)

对式(A7),可有个直观的解释:如果中年阶段的父母从子女每多消费 1 美元中获得的效用小于年老时自己多消费 1 美元而来的效用,则父母不给子女预留遗产。该不等式对完全自私自利的父母显然也成立,因为当 $\alpha = 0$ 时,式(A5)和式(A7)的左边均为 0。利他主义的程度越弱(即 α 越小),则父母希望从子女身上获得的就更多。

联立式(A5)和式(A6),有

$$\frac{\lambda_p}{R_h} \leqslant \frac{\lambda_p}{R_k} \text{ 或 } R_h \geqslant R_k。 \tag{A8}$$

式(A8)表明,如果父母预留了遗产,则人力资本的边际回报率等于父母积攒的财产的回报率;如果父母选择不预留遗产,则前者大于后者。父母帮助子女,途径有二:要么为他们进行人力资本投

资,要么预留一笔资产给他们。父母要在成本既定情况下使子女的收益最大化,则只要父母不虐待子女,他们就会以最有效的方式来帮助子女。

因此,如果式(A8)中严格不等式成立,则父母就不会给子女预留遗产,因为在人力资本的边际回报率高于父母为自身而预留的资产的回报率时,父母帮助子女的最佳方式只能是为子女进行人力资本投资。只有在两个收益率相等时,父母才会为子女预留一笔遗产。[249]

B

为了以一种简洁的方式来分析父母对子女偏好的形成的影响,设在子女处于青少年时,父母采取的行为分别为 x 和 y,这两种行为可对子女成年后的偏好产生影响。利用可分性的假设,我将子女进入中年期后的效用函数表示为

$$V_c = u_{mc} + H(y) - G(x, g) + \beta u_{oc} + \cdots。 \quad (A9)$$

这里假设 $H' > 0$ 且 $G_x < 0$,也就是说,y 的增加可使得子女的效用增加,但 x 的增加可使得子女的效用减少。具体说来,H 和 G 可分别理解为子女对父母的行为感到"幸福"和"不安",因此,x 越大,则子女越感到不安。问题是,父母并不想虐待子女,却为何要使子女感到不安呢?

变量 g 是理解这个问题的关键所在。该变量衡量的是子女

---

[249] 其中的部分结果在贝克尔和托姆斯(Becker and Tomes,1986)中已有推导。

对父母养老做出的贡献,我们不妨假设子女贡献越多(即 $G_g<0$),越不会感到不安。若 $G_{gx}>0$,则 x 的增大会增加子女的不安之感,也会促使子女为父母贡献更多。

父母的预算约束为

$$Z_{mp} + h + x + y + \frac{Z_{op}}{R_k} + \frac{k_c}{R_k} = A_p + \frac{g}{R_k}。 \quad (A10)$$

y 最优的一阶条件为

$$\beta\alpha H' \leqslant \lambda_p。 \quad (A11)$$

由于 $H'>0$,这就不难理解何以利他主义的父母会竭力通过 y 影响子女的偏好,因为 y 的增加会使子女感到更加幸福。

x 的一阶条件更有意思,因为即使是利他主义的父母也可能想让子女感到不安,如果那样做可使他们的养老得到子女更多的支持的话。这个一阶条件可表示为

$$\frac{dV_p}{dx} = \frac{dg}{dx}\beta(u'_{op} - \alpha u'_{mc}) - \beta\alpha\frac{dG}{dx} \leqslant \lambda_p, \quad (A12)$$

其中 $\frac{dG}{dx}$ 已经包含了 g 的引致变化。对利他主义的父母来说,式(A12)中间部分的第二项为负值,因为 x 的增大可使得子女的不安感更强烈,从而降低了父母的效用($\alpha>0$)。但不安感也会促使子女为父母提供更多的养老支持,这由 $\frac{dg}{dx}$ 给出。

子女对父母养老支持的增加会对利他主义的父母的福利造成部分地相互冲抵的两种效应。一方面,这会增加父母在年老时的消费和效用,这由 u'_{op} 给出;另一方面,这会减少子女自身的消费,从而降低利他主义的父母的效用,这由 $-\alpha u'_{mc}$ 给出。这就意味着

为子女预留了遗产的利他主义的父母从未想着要使子女的不安感增加,因为对这样的父母来说,$u'_{op} = \alpha u'_{mc}$。由于$\frac{dG}{dx} > 0$,那么,如果子女的不安感增加,则父母的福利水平将下降。

由式(A5)和式(A12),有

$$\frac{dg}{dx} - \frac{\alpha G_x}{u'_{op}} = R_x \leqslant R_k。 \tag{A13}$$

对于利他主义的父母来说,他们要权衡从使子女的不安感增加而获得的边际回报率(由R_x给出)与他们对子女因感到不安而遭受的效用损失的估算值。自私自利的父母(即$\alpha = 0$)则无视子女的效用损失,他们仅比较x和k对他们年老时的消费的影响。

C

联立式(A5)和式(A6)的一阶条件,有

$$\frac{u'_{op}}{\alpha u'_{mc}} = \frac{R_h}{R_k}。 \tag{A14}$$

如果父母并没有为子女预留遗产,则该式两边的比值均将大于1。由于子女对父母年老时的养老支持越大,则等号左边的项的分子就越小,分母则变大,从而使该比值变小;等号右边的值也要变小至效用最大化均衡。但由于R_k是由市场条件决定的,则当且仅当R_h变小,等式右边的值才变小,这就意味着如果父母预期在年老时得到子女的养老支持会更多,则他们会为子女投资更多。即使完全自私自利的父母(即$\alpha = 0$)也可能会为子女投资,如果那样做会大为增加有不安感的子女的预期的养老支持。

参考文献

Arrow, Kenneth J. "Models of Job Discrimination." In *Racial Discrimination in Economic Life*, edited by Anthony H. Pascal. Lexington, Mass.: Lexington Books, 1972.

——. "The Theory of Discrimination." In *Discrimination in Labor Markets*, edited by Orley Ashenfelter and Albert Rees. Princeton, N. J.: Princeton Univ. Press, 1973.

Arrow, Kenneth J., and Kurz, Mordecai. *Public Investment, the Rate of Return, and Optimal Fiscal Policy*. Baltimore: Johns Hopkins Univ. Press (for Resources for the Future), 1970.

Barro, Robert J. "Are Government Bonds Net Wealth?" *J.P.E.* 82 (November/December 1974): 1095—1117.

Barro, Robert J., and Sala-i-Martin, Xavier. "Convergence." *J.P.E.* 100 (April 1992): 233—51.

Beccaria, Cesare, marchese die. *On Crimes and Punishment*. Indianapolis: Hackett, 1986. Translation of *Dei delitti e delle pene* (1797).

Becker, Gary S. *The Economics of Discrimination*. Chicago: Univ. Chicago Press, 1957. 2d ed. 1971.

——. "Investment in Human Capital: A Theoretical Analysis." *J.P.E.* 70, no. 5, pt. 2 (October 1962): 9—49.

——. *Human Capital*. New York: Columbia Univ. Press (for NBER), 1964. 2d ed. 1975.

——. "A Theory on the Allocation of Time." *Econ. J.* 75 (September 1965): 493—517.

———."Crime and Punishment: An Economic Approach."*J.P.E.*76 (March/April 1968):169—217.

———."A Theory of Social Interactions." *J.P.E.* 82 (November/December 1974):1063—93.

———.*A Treatise on the Family*.Cambridge, Mass.: Harvard Univ. Press, 1981.Enl.ed.1991.

Becker,Gary S., and Chiswick, Barry R."Education and the Distribution of Earnings."*A.E.R.Papers and Proc*.56 (May 1966):358—69.

Becker,Gary S.; Landes, Elisabeth M.; and Michael, Robert T."An Economic Analysis of Marital Instability."*J.P.E.*85 (December 1977):1141—87.

Becker,Gary S., and Murphy,Kevin M."A Theory of Rational Addiction."*J.P.E.*96 (August 1988):675—700.

Becker,Gary S.; Murphy, Kevin M.; and Tamura, Robert."Human Capital, Fertility,and Economic Growth."*J.P.E.*98, no.5, pt.2 (October 1990): S12—S37.

Becker,Gary S., and Stigler, George J."Law Enforcement, Malfeasance, and Compensation of Enforcers."*J.Legal Studies* 3 (January 1974):1—18.Reprinted in *Chicago Studies in Political Economy*, by George J.Stigler.Chicago: Univ.Chicago Press,1988.

Becker,Gary S.,and Tomes, Nigel."Human Capital and the Rise and Fall of Families."*J.Labor Econ*.4, no.3, pt.2 (July 1986):S1—S39.

Bentham,Jeremy,*Theory of Legislation*.New York: Harcourt,Brace,1931.

Bergstrom,Theodore C."A Fresh Look at the Rotten Kid Theorem—and Other Household Mysteries."*J.P.E.*97 (October 1989):1138—59.

Boserup,Ester."Inequality between the Sexes."In *The New Palgrave: A Dictionary of Economics*, edited by John Eatwell, Murray Milgate, and Peter Newman.New York: Stockton,1987.

Cain,Bruce E.; Ferejohn, John; and Fiorina, Morris. *The Personal Vote: Constituency Service and Electoral Independence*.Cambridge, Mass.: Harvard Univ.Press,1987.

Cain, Glen G. "The Economic Analysis of Labor Market Discrimination: A Survey." In *Handbook of Labor Economics*, Vol.1, edited by Orley Ashenfelter and Richard Layard. Handbooks in Economics Series, no. 5. New York: Elsevier Sci., 1986.

Cass, David. "Optimum Growth in an Aggregative Model of Capital Accumulation." *Rev.Econ.Studies* 32 (July 1965): 233—40.

Denison, Edward F. *Sources of Economic Growth in the United States*. Washington: Comm.Econ.Development, 1962.

Edgeworth, Francis Y. "Equal Pay to Men and Women for Equal Work." *Econ. J.* 32 (December 1922): 431—57.

Ehrlich, Isaac. "Participation in Illegitimate Activities: A Theoretical and Empirical Investigation." *J.P.E.* 81 (May/June 1973): 521—65.

——. "The Deterrent Effect of Capital Punishment: A Question of Life and Death." *A.E.R.* 65 (June 1975): 397—417.

Farrell, C., and Mandel, M. "Uncommon Sense." *Bus. Week* (October 26, 1992), pp.36—37.

Fawcett, Millicent G. "Equal Pay for Equal Work." *Econ.J.* 28 (March 1918): 1—6.

Goldin, Claudia. *Understanding the Gender Gap: An Economic History of American Women*. Series on Long-Term Factors in Economic Development. New York: Oxford Univ.Press (for NBER), 1990.

Grossman, Sanford J., and Hart, Oliver D. "An Analysis of the Principal-Agent Problem." *Econometrica* 51 (January 1983): 7—45.

Hernandez, Donald. *When Households Continue, Discontinue, and Form*. Washington: U.S.Bur.Census, 1992.

Hutt, William H. *The Economics of the Colour Bar: A Study of the Economic Origins and Consequences of Racial Segregation in South Africa*. London: Deutsch (for Inst.Econ.Affairs), 1964.

Kandel, Eugene, and Lazear, Edward P. "Peer Pressure and Partnerships." *J. P.E.* 100 (August 1992): 801—17.

Landes, Willam M., and Posner, Richard A. "The Private Enforcement of Law." *J.Legal Studies* 4 (January 1975):1—46.

Lindbeck, Assar, and Weibull, Jörgen W. "Altruism and Time Consistency: The Economics of Fait Accompli." *J.P.E.*96 (December 1988):1165—82.

Linder, Staffan Burenstam. *The Harried Leisure Class*. New York: Columbia Univ.Press, 1970.

Loury, Glenn C. "Incentive Effects of Affirmative Action." *Ann. American Acad.Polit.and Soc.Sci.*523 (September 1992):19—29.

Lucas, Robert E., Jr. "On the Mechanics of Economic Development." *J.Monetary Econ.*22 (July 1988):3—42.

Lundahl, Mats. *Apartheid in Theory and Practice: An Economic Analysis*. Boulder Colo.: Westview, 1992.

McElroy, Marjorie B., and Horney, Mary Jean. "Nash-bargained Household Decisions: Toward a Generalization of the Theory of Demand." *Internat. Econ.Rev.*22 (June 1981):333—49.

Meltzer, David. "Mortality Decline the Demographic Transition and Economic Growth." Ph.D.dissertation, Univ.Chicago, 1992.

Menninger, Karl. *The Crime of Punishment*. New York: Viking, 1966.

Mincer, Jacob. "Labor Force Participation of Married Women." In *Aspects of Labor Economics*. Universitied-National Bureau Committee for Economic Research, no.14. Princeton, N.J.: Princeton Univ.Press (for NBER), 1962.

———. *Schooling, Experience, and Earnings*. New York: Columbia Univ.Press (for NBER), 1974.

Murphy, Kervin M., and Welch, Finis. "The Structure of Wages." *Q.J.E.*107 (February 1992):285—326.

Myrdal, Gunnar. *An American Dilemma: The Negro Problem and Modern Democracy*. 2 vols. New York: Random House, 1944.

National Research Council. Panel of Research on Deterrent and Incapacitative Effects. *Deterrence and Incapacitation: Estimating the Effects of Criminal Sanctions on Crime Rates*, edited by Alfred Blumstein, Jacqueline Cohen, and Daniel Nagin.Washington:Nat.Acad.Sci.,1978.

Oi,Walter Y."Labor as a Quasi-Fixed Factor."*J.P.E.*70 (December 1962): 538—55.

O'Neill, June. "The Trend in the Male-Female Wage Gap in the United States."*J.Labor Econ.*3,no.1,pt.2 (January 1985):S91—S116.

Phelps,Edmund S."The Statistical Theory of Racism and Sexism."*A.E.R.*62 (September 1972):659—61.

Polinsky,A.Mitchell,and Shavell,Steven."The Optimal Use of Fines and Imprisonment."*J.Public Econ.*24 (June 1984):89—99.

Posner,Richard A.*Economic Analysis of Law.*3d ed.Boston:Little,Brown, 1986.

Psacharopoulos,George."Returns to Education: A Further International Update and Implications."*J.Human Resources* 20 (Fall 1985):583—604.

Romer,Paul M."Increasing Returns and Long-Run Growth."*J.P.E.*94 (October 1986):1002—37.

Schultz,Theodore W.*The Economic Value of Education.*New York:Columbia Univ.Press,1963.

Soffer, O. "Before Beringia: Late Pleistocene Bio-social Transformations and the Colonization of Northern Eurasia."In *Chronostratigraphy of the Paleolithic in North Central , East Asia and America.*Novosibirsk: Acad. Sci. USSR,1990.

Stigler,George J."The Optimum Enforcement of Laws."*J.P.E.*78 (May/June 1970):526—36.

U.S.Sentencing Commission.*Federal Sentencing Guidelines Manual.*Washington:Government Printing Office,1992.

Williamson,Oliver E.*The Economic Institutions of Capitalism:Firms,Markets,Relational Contracting.*New York:Free Press,1985.

索 引[*]

年龄
    年龄与歧视 155～156
    年龄与非白人的收入,地区差异 110～116
    年龄与市场歧视系数 118～121
阿尔奇安(Alchian, A.A.) 1n.
奥尔波特,戈登(Allport, Gordon) 13n.,15n.,21n.,61n.,117n.
安德森(Anderson, C. A.) 126n.,133n.
种族隔离制度 9,24n.
阿普特克(Aptheker, H.) 21n.,22n.

鲍莫尔(Baumol, W.J.) 12
贝克尔,多莉娅(Becker, Doria) 12
贝克尔,加里(Becker, Gary S.) 63n.,127n.,128n.,148n.,149,151,152

比克代克(Bickerdike) 21
"黑人权力"运动 6
布利克(Bleecker)街,曼哈顿 78
布拉德利(Bradley, P.) 63n.
布兰德温(Brandwein, S.) 66n.
布雷泽(Brazer, H.) 129n.
布朗泽维尔(Bronzeville),芝加哥 78
布鲁克林(Brooklyn, N.Y.) 78
邦廷(Bunting, R.) 111n.

非白人的能力 111,114,125
资本,与劳动相对,资本输入量 35
    对资本的数理分析 32～38
    美国黑人的资本 27～30
    资本与市场歧视理论 20～22
资方 21～22
钱伯林(Chamberlin) 76n.

---

[*] 本索引之页码系原书页码,即本书之边码。其中的"n."指的是该词条出现在某页中的脚注。

芝加哥
　芝加哥的以房租为手段控制黑人涌入的措施　79
　芝加哥的居住歧视　79
科恩(Cohen, W.)　129n.
共谋与歧视　6~7
共产党执政的国家　10
竞争,竞争的程度,见"垄断,垄断的程度"条
消费者
　消费者与歧视　14~15,49,75~83,93,154
　另见"居住歧视"条
不同群体间的接触的量度
　及其与黑人的职业分布　92~93
　与隔离　58
　与歧视偏好　154~155
考克斯(Cox, O.C.)　21n.

大卫(David, M.H.)　129n.
杜威,唐纳德(Dewey, Donald)　10n., 106n., 108, 109, 140n.
迪雷克托,阿伦(Director, Aaron)　46n.
歧视
　雇员歧视、雇主歧视等,见"雇员,雇员歧视"、"雇主,雇主歧视"等条
　对黑人、非白人的歧视等,见"黑人,对黑人的歧视"、"非白人,对非白人的歧视"等条

歧视系数(DC)
　其概念　14~15,97~100,153~154
　消费者的歧视系数　14~15,76,93,154
　歧视系数对净工资的影响　84~85
　雇员的歧视系数　55~56,59~61,153~154
　雇主的歧视系数　14~15,39~55,153
　选民的歧视系数　82
　另见"市场歧视系数"、"歧视偏好"条
多拉德(Dollard, J.)　21n.
杜波依斯(DuBois, W.E.B.)　92n.
双寡头垄断　47n.

埃尔哈特基金会(Earhart Foundation)　12
埃奇沃思(Edgeworth, F.Y.)　62,75n.
教育
　教育与歧视　2~3,127~134,135,155~156
　教育与非白人的收入及其地区差异　110~116
　教育与市场歧视系数　118~121
　教育的质量　112~114
　美国标准大都市区的教育　125~126

爱德华兹,阿尔巴(Edwards, Alba M.) 142～148
有效歧视
　　其概念　19～38
　　其必要条件　26～27,157～158
　　另见"市场歧视系数"、"理论,经济学理论,市场歧视的经济学理论"条
雇员,雇员歧视
　　其影响　55～75,153～154
　　与隔离　56～58
　　与要素的替代程度　59～61,84～88,97～100
　　通过工会作用的雇员歧视　2,10,61～76
　　亦见"工会,工会的歧视"条
雇主,雇主歧视
　　竞争性行业里的雇主歧视　39～45,153
　　雇主歧视与歧视偏好分布　42～47
　　美国南方制造业里的雇主歧视　47～50,159
　　对雇主歧视的数理分析　50～52
　　垄断性行业里的雇主歧视　45～47
　　另见"企业,企业的歧视"、"垄断,垄断的程度"条
就业,就业的程度,对非白人的就业歧视　105～106
企业,企业的歧视
　　企业的歧视与其规模差异　85～90,117

　　企业歧视与垄断程度　41～47,49
　　零售业与制造业的歧视比较　90
　　另见"雇主,雇主歧视"、"垄断,垄断程度"条

农业劳动者　22n.,93
福西特(Faucett, M.)　63n.
法国　10
弗里德曼,米尔顿(Friedman, Milton)　12,72n.,117n.,134n.

贾维,马库斯(Garvey, Marcus)　24n.
吉尔曼,哈里(Gilman, Harry)　4
政府,政府歧视　7,81～83,116,126
英国,英国的歧视
　　英国殖民地里的歧视　9
　　英国国内对女性的歧视　62～63
格林沃尔德(Greenwald, M.S.)　4n.

汉密尔顿(Hamilton, E.J.)　12
哈伯格尔(Harberger, A.C.)　12,117n.
哈莱姆区,纽约(Harlem, N.Y.)　78
赫德(Heard, A.)　126n.
赫金杰(F.M.Hechinger)　127n.
希斯坦德(D.L.Hiestand)　3n.
《人力资本》　5
霍顿(Houghton, D.H.)　31n.
住房,住房中的歧视,参见"居住歧视"条

收入
　歧视对收入的影响　19～38
　另见"市场歧视系数"、"黑人"、"非白人"等条
印第安人,对印第安人的歧视及其与黑人的比较　24～26
意大利裔美国人及其居住隔离　78

扬(Jahn, J.)　78n., 81n.
犹太人,对犹太人的歧视
　与市场隔离　58
　职业中的对犹太人的歧视　107
　专门性技术类职业中的犹太人及对犹太人的歧视　96～97
　居住上对犹太人的歧视　78, 81
约翰逊,盖尔(Johnson, D. Gale)　12, 107n.

凯塞尔(Kessel, R. A.)　1n.
克鲁格,安妮(Krueger, Anne O.)　7n.
库兹涅茨(Kuzents, S.)　72n.

兰德斯,威廉(Landes, William)　7n.
莱文杰(Levinger, L. S.)　96
刘易斯,格雷格(Lewis, H. Gregg)　12, 46n., 66n.

麦基弗(MacIver, R. M.)　30n., 40n.
麦克威廉斯(McWillianms, C.)　21n.

制造业,制造业中的歧视
　与行业分类　50～54
　与零售业的比较　90～93
　美国南方制造业中的歧视　47～50, 159
　纺织业中的歧视　89
　另见"企业,企业的歧视"条
市场歧视　57, 84～100
　另见"有效歧视"、"市场歧视系数"、"隔离,市场隔离"条
市场歧视系数(MDC)
　消费者的市场歧视系数　77, 93
　歧视的经济影响　17～38, 43～47, 85, 118, 157
　与要素的替代程度　59～60
　其数理分析　97～100
　对黑人的市场歧视系数　27～30
马歇克(Marschak, J.)　12
默顿(Merton, P. K.)　40n., 41n.
明瑟,雅各布(Mincer, Jacob)　5n.
少数族裔(少数派)
　其收入　19～38
　其施加的市场歧视　31～32
　人数上的重要性及其与经济上的重要性的区别　26～27
　其职业分布　91～97
　另见"黑人"、"非白人"等条
垄断,垄断的程度
　由垄断引起的歧视　10, 41～50, 89～90, 122, 159

纳特的分类 52~54
另见"雇主,雇主歧视"、"企业,企业的歧视"条
买主垄断 110
摩根(Morgan, J.) 129n.
莫斯特勒(Mosteller, F.) 12
缪尔达尔,冈纳(Myrdal, Gunnar) 123n.

黑人,对黑人的歧视
  与印第安人的比较 24~25
  消费者对黑人的歧视 76n.
  对黑人的歧视与黑人的收入 10, 19,22n.,27~30,84~97,107~109
  对黑人的歧视与市场隔离 57~58
  职业上的对黑人的歧视 78~79
  对黑人的歧视与企业规模 85~93
  州政府对黑人的歧视 83
  工会对黑人的歧视 63
  另见"非白人,对非白人的歧视"、"地区差异"条
厚爱(偏爱、裙带主义)
  其定义 15
  厚爱与歧视 11,44n.,160
非白人,对非白人的歧视
  由于年龄—教育程度而遭受的歧视 110~116
  其实证证据 101~126
  城乡差异 105~106
  另见"黑人"、"南非,南非对非白人的歧视"条

美国北方,北方的以房租为手段控制黑人涌入的"房租管控"措施 79
  另见"居住差异"条
诺斯拉普(Northrup, H.) 73n.
人数,不同群体的人数上的重要性,与经济上的重要性的区别 85,154 ~155
  另见"地区差异"、"歧视偏好,歧视偏好的离差"条
纳特,沃伦(Nutter, G. Warren) 47n.,52,53,117n.

客观的,客观的行为,客观的行为与歧视的关系 13,39
职业地位,职业地位指数 139~141, 149~152
职业
  职业中的歧视 90~93,107~109
  职业与垄断程度 48~50
  与年龄、教育程度相联系的职业 155
  长时段内的职业歧视的变化 3, 136~141,148~152
  另见"黑人"、"专门性技术类职业,专门性技术类职业中的歧视"、"美国普查署"条
俄亥俄州 96

珀尔曼(Perlman, M.) 4n.

索 引

菲尔考克斯(Philcox, D.) 31n.
政治歧视;参见"政府,政府歧视"条
偏见;参见"奥尔波特,戈登"、"歧视系数"、"莫顿"、"歧视偏好,歧视偏好的离差"条
专门性技术类职业,专门性技术类职业中的歧视 90～97,107
　　另见"职业"条

(教育的)回报率与市场歧视 129～133
拉思伯恩(Rathbone, E. F.) 63n., 76n.
雷亚克,阿尔顿(Rayack, Alton) 149,150,151,152
雷德,玛格丽特(Reid, Margaret) 79n.
地区差异
　　年龄—教育程度的地区差异 110～116
　　其实证证据 85～90
　　地区差异与企业规模 85～93
　　南北方比较 79～81,83,105～106,118～122,133～134,156
　　地区差异与非白人的人口比例 123～126,138
　　居住歧视的地区差异 81
　　地区差异的长时段的变化 139～141,150～151
以房租为手段控制黑人涌入的措施 79～80
房租,歧视对房租的影响
　　参见"居住歧视"
居住歧视
　　其概念 75～81
　　居住歧视与居住隔离的区别 79～81,108n.
　　对犹太人的居住歧视 78,81
　　对黑人的居住歧视 79～81,160
　　另见"隔离,市场隔离"条
(居住上的)限制性契约 79,80n.
零售业,零售业中的歧视 90,93
罗伯茨,琼(Roberts, June H.) 94n.
罗珀(Roper, E.) 30n.
罗斯(Rose, A.) 21n.

萨恩格(Saenger) 21n.,61n.,117n.
施密德(Schmid, C.F.) 78n.
施拉格(Schrag, S.) 78n.
舒尔茨(Schultz, T.W.) 12
西尔斯·罗巴克基金会(Sears Roebuck Foundation) 12
长时段里的美国歧视的变化 133～141,156
隔离,市场隔离 22～24,56～58
　　另见"居住歧视"条
规模(数值大小)
　　企业规模;参见"企业,企业的歧视"条
　　对某群体的歧视的相对值 17

另见"人数,不同群体的人数上的重要性,与经济上的重要性的区别"、"歧视偏好,歧视偏好的离差"条

索贝尔(I.Sobel)

美国南方,美国南方制造业中的歧视 47～50

　　另见"地区差异"条

南非,南非对非白人的歧视 9,30～31

标准大都市区(SMA) 123～126,155

施蒂格勒,乔治(Stigler, George) 12, 86n.,117n.

美国高等法院 9,79

歧视偏好

　　其概念 13～17

　　消费者的歧视偏好 76～83

　　歧视偏好与接触 49～50,154～155

　　雇员的歧视偏好 55～56

　　雇主的歧视偏好 84～85

　　受雇要素的歧视偏好 55～56,61, 84～85

　　少数族裔的歧视偏好 31～32

　　歧视偏好的地区差异 118～122, 156

　　歧视偏好与受歧视群体的相对供给 97～100,117～118,123～126

(歧视)偏好,(歧视)偏好的离差

　　消费者的(歧视)偏好 77

　　雇主的(歧视)偏好 42～47

　　对(歧视)偏好的数理分析 97～100

　　(歧视)偏好与隔离 55～58

　　市场中的替代要素的(歧视)偏好 59～61,158～159

　　选民的(歧视)偏好 82

理论,经济学理论,市场歧视的经济学理论

　　国际贸易理论在市场歧视经济学里的应用 19～38

　　移民理论在市场歧视经济学里的应用 35

　　市场歧视的经济学理论模型 9～18,84～85,101～104,153～154

瑟罗,莱斯特(Thurow, Lester C.) 7n.

时间,不同时期的歧视变化情况

　　参见"长时段里的美国歧视的变化"条

工会,工会施加的歧视 2,49,62～74,112,159

失业 3～4,160

美国统计局 31n.

美国,美国国内的歧视

　　参见"地区差异"、"长时段里的美国歧视的变化"条

美国普查署 25,26n.,48,52n.,87, 88,90n.,91,92,96,123,124,125,

128n.,129n.,131n.,133n.,134n., 136,138
美国商务部 144
歧视的城乡差异 25,105~106

沃利斯(Wallis, W.A.) 94n.
华沙,波兰 78
韦弗(Weaver, R.) 78n.,79n.,80n.
韦尔奇,菲尼斯(Welch, Finis) 5n.
威尔科克斯(Wilcox, C.) 52n.
威克尔森(Wilkerson, D.A.) 22n.
威利特,约瑟夫(Willett, Joseph) 12,93

威廉斯(Williams, R.W.) 61n.,117n.
沃尔斯泰特,艾伯特(Wohlstetter, Albert) 6n.
沃尔斯泰特,罗伯塔(Wohlstetter, Roberta) 6n.
女性,针对女性的歧视 10,62~63, 75n.,76n.,107
赖特(Wright, D.M.) 117n.

泽曼,莫顿(Zeman, Morton) 12, 104,104n.,105,106n.,108n.,110~113,118n.,131n.,139,140n.

译 后 记

加里·贝克尔，1930年出生于美国宾夕法尼亚州的波茨维尔，在普林斯顿大学获经济学学士学位，后入芝加哥大学，师从大名鼎鼎的米尔顿·弗里德曼，分别于1953年和1955年获经济学硕士和博士学位。1954～1957年在芝加哥大学教书，1957～1970年任教于哥伦比亚大学。1960年，年仅30岁即为教授。1970年（一说为1969年）以后在芝加哥大学任教。1983年起，又被芝加哥大学社会学系合聘。1984～1985年任芝加哥大学经济学系主任。1987年任美国经济学会会长。此外，他还曾承担美国国民经济研究局等的研究工作。1967年，获得了被称为诺贝尔经济学奖的直通车——克拉克奖，1992年获诺贝尔经济学奖，获奖理由是"将微观经济学的理论扩展到对于人类行为的分析上，包括非市场经济行为"。贝克尔一生著述宏富，著有《歧视经济学》《人力资本》《生育率的经济分析》《家庭论》《人类行为的经济分析》《经济理论》等，大部分都有中译本。

作为芝加哥学派的代表人物，贝克尔与其同时代的弗里德曼、西奥多·舒尔茨、格雷格·刘易斯等多有交游，与1982年经济学奖得主乔治·施蒂格勒则是亦师亦友的关系，因而其治学亦多有共通之处，带有鲜明的芝加哥学派特色，即坚守经济人的信条，相信"经济分析可用于解决重要社会问题"(贝克尔称这是其业师弗里德曼一直强调的理念)。而贝克尔的重要贡献在于,将经济学的分析方法扩展到分析人类行为的方方面面,运用经济学的基本假设和原理,探究传统上认为是社会学、人类学、法学等领域的问题,如歧视、婚姻、家庭、犯罪、人力资本等,其经济分析的核心就是:最大化行为、市场均衡和稳定的偏好等一系列假设。他的"越界",打破了学科研究的畛域,但另一方面,这是经济学对社会科学各领域的"入侵",使得"经济学"与"帝国主义"这两个名词联系在一起。不仅如此,他甚至将经济分析定义为经济学的本质,认为经济学之所以成为一门科学,原因不在于它的研究对象或种种定义,而在于它的研究方法。贝克尔也因此被看作经济学帝国主义的急先锋,甚至被视为"帝国的建构者"。虽然他的一些观点难免引起争议,但仍被誉为二十世纪最具创造性的经济学家。2011年,田纳西大学与乔治梅森大学的 William L. Davis 等四位学者对全美经济学教授的调查中,贝克尔位于"最受欢迎的仍健在的年龄为60岁及以上的经济学家"之首,其影响力可见一斑。[250]

本书即是贝克尔用经济分析的方法来考察人类行为的尝试之作。贝克尔自言"大学期间,我为社会学家研究的问题和经济学家分析的技巧所吸引,这种兴趣开始反映到我的博士论文中,即用经

---

[250] William L. Davis, Bob Figgins, David Hedengren, and Daniel B. Klein, "Economics Professors' Favorite Economic Thinkers, Journals, and Blogs (along with Party and Policy Views), *Economic Journal Watch*, Vol.8, No.2, 2011, pp.126—146."

济分析考察种族歧视。"[251]贝克尔认为,收入不平等未必是歧视的结果,只有在排除教育程度、工作技能、工作经验等因素之后,才能归之于歧视的因素。在分析歧视时,贝克尔展现了他独特的经济分析方法。他用货币作为测量歧视的量度,即将歧视视为一种商品或曰特权,要"消费"歧视或者说要享用这个特权,就要付款。"如果某人有'歧视偏好'(taste for discrimination),则他一定有愿意支付某个东西——直接支付或不惜降低收入——给与之相关的一些人(而不是其他人)的想法。"[252]而"歧视偏好"可通过"歧视系数"(discrimination coefficient,简写为DC)的概念来定义。"一项经济活动的货币成本未必就是净成本,而DC恰可将货币成本和净成本联系起来。设雇主要对某要素支付货币工资率为 π 的工资支出,我们就可以认为他好像支付了 $\pi(1+d_i)$ 的净工资率,其中 d_i 为该雇主对这种要素的DC。"[253]也就是说,DC给出了一个百分比,通过这个百分比,在从货币值到净值的换算中,雇主用它来估算净工资成本。当然,DC值可以为正数,也可以为负数。如果为负数,那就表示与"歧视"相反的倾向,即对某群体的成员"青眼有加"的倾向。"当实际的歧视行为发生时,他一定会为他的这项'特权'真的支付某个东西或不惜降低收入。"[254]举个例子。如果某雇主有歧视黑人的"歧视偏好",如果员工的正常工资(即无歧视情

---

[251] 贝克尔:《人类行为的经济分析》,上海:格致出版社、上海三联书店、上海人民出版社,1993年。

[252] 见本书第1页。

[253] 见本书第2页。

[254] 见本书第1页。

况下的工资额)为 1000 美元,则雇主如果雇用黑人员工,则他在心理上会觉得好像是支付了给这位黑人员工(比如说)1200 美元的工资。这对雇主来说是项精神成本。为了不支付这项精神成本,则在实际行为中就会真的歧视黑人员工,表现就是:虽然黑人雇员和白人雇员的生产率相同,他也宁愿以同样的工资水准雇用生产率较低的白人也不雇用黑人。这样一来,我们就可以看到,雇主的产品竞争力减弱,利润也会随之减少。减少的利润可视为雇主为满足他"歧视黑人"的特殊嗜好而支付的费用。也就是说,歧视固然使被歧视者遭受损失,而施加歧视者也会受到损失。在竞争性强的市场中,有歧视偏好的雇主将被市场淘汰,因为歧视使得生产成本抬高,产品竞争力削弱。

除了雇主歧视,其实有时雇员歧视和消费者歧视偏好的强度更大。按照雇主歧视的分析思路,"对于与这种要素一起工作的雇员来说,如果他的货币工资率为 π_j,则他好像得到的净工资率就是 $\pi_j(1-d_j)$,其中 d_j 为该雇员对这种生产要素的 DC。对消费者来说,对于某个由该要素'生产'的单位货币价格为 p 的商品,则他好像支付的净价格就是 $p(1+d_k)$,其中 d_k 为该消费者对该要素的 DC。"[255]如,如果某工厂的大部分员工歧视黑人,则即使雇主无歧视偏好,他仍会被迫不雇用黑人。

贝克尔还区分了"市场歧视"与"市场隔离",并将国际贸易理论用于少数族裔受歧视问题的分析(见第二章)。此外,贝克尔在书中还将理论模型与可观察的数据进行比对,以验证其结论,分析

---

[255] 见本书第 2 页。

了市场歧视的地区差异及原因等问题。

按照贝克尔的思路,市场竞争可降低歧视,因为歧视构成了成本,不利于施加歧视者,但这并不意味着从"长期"看市场歧视会消失,因为"那些并不想施加歧视的雇主能否在与其他所有施加歧视的雇主的竞争中胜出,不仅取决于潜在雇主的歧视偏好的分布状况,而且重要的是还取决于厂商的生产函数的类型"。[256] 更何况,完全的竞争市场如同物理学的"真空",只存在于理论模型中。

该书第一版于 1957 年由芝加哥大学出版社出版,是在其 1955 年的博士论文《市场歧视》的基础上修订而成的。令贝克尔沮丧的是,由于这是将经济分析的思路应用到传统经济学范围之外的首次公开尝试,结果遭到了绝大多数职业经济学家的冷漠和敌意。[257] 究其原因,是因为对于歧视问题,"其他的社会科学家,尤其是社会学家和人类学家,由于较早涉足该领域,或许已将对此问题的研究视为禁脔,经济学家则表现出尊重他们的'财产权',一如尊重其他问题域的其他社会科学家的专属研究权"。[258] 因此,"初版出版之后的五年里,也未见经济学家就歧视问题开展研究"。[259] 尽管如此,社会学家反而对此书给予肯定。直到 1962 年后,该书销量才增加,因为随着时间的推移,经济学家对黑人等少数族裔遭受的歧视问题的研究越来越感兴趣。该书也因此于 1971 年由芝

---

[256] 贝克尔:《诺贝尔经济学奖获奖演讲:以经济学的方法看待人类行为》,见本书附录。

[257] 贝克尔:《人类行为的经济分析》,上海:格致出版社、上海三联书店、上海人民出版社,1993 年。

[258] 见本书"第一版序"。

[259] 同上。

译 后 记

加哥大学出版社再版。在第二版中,贝克尔对第一版基本未做改动,只是把第一版出版后陆续发表的有关歧视问题的三篇文章——包括将工会歧视、教育程度(及培训)与歧视问题、少数族裔的职业地位问题——作为"补遗",附到相关章节中。由于歧视经济学只是贝克尔用经济分析的方法分析非市场经济行为的一个方面,为更全面了解贝克尔的这种方法和经济学思想,本书还将他的诺贝尔经济学奖获奖演讲《以经济学的方法看待人类行为》一文作为附录,供读者参考。

最后,关于翻译中的一些技术问题特别是一些术语的翻译略为交代一下。"minority"是书中出现频次极高的词语,译者则根据上下文,有时译为"少数族裔",有的则译为"少数派"。作为与"歧视"相对的"nepotism",我们则根据情况,或译为"偏爱",或译为"裙带主义"。这样一来,虽然照顾了汉语的表述,但也给索引带来一些不便。至于全书的关键词"taste for discrimination"则一律译为"歧视偏好",而不是"歧视口味"。本书的翻译还参考了台湾蓝科正先生的译本(正中书局 1996 年版)。第八章之"补遗"系节选自贝克尔的《人力资本》一书,关于这部分内容的翻译,译者参考了该书的中译本(梁小民译,北京大学出版社 1987 年版),在此谨致谢忱。

由于水平所限,译文未当之处,肯请学界和读者指正。

译　者
于癸巳之秋

图书在版编目(CIP)数据

歧视经济学／(美)贝克尔著；于占杰译．—北京：商务印书馆，2014(2019.7重印)
(经济学名著译丛)
ISBN 978-7-100-09967-7

Ⅰ.①歧⋯　Ⅱ.①贝⋯②于⋯　Ⅲ.①劳动经济学　Ⅳ.①F240

中国版本图书馆 CIP 数据核字(2013)第 102094 号

权利保留，侵权必究。

经济学名著译丛
歧视经济学

〔美〕加里·贝克尔　著

于占杰　译

商　务　印　书　馆　出　版
(北京王府井大街36号　邮政编码100710)
商　务　印　书　馆　发　行
北　京　冠　中　印　刷　厂　印　刷
ISBN 978-7-100-09967-7

2014年9月第1版　　开本 850×1168 1/32
2019年7月北京第2次印刷　印张 7¾
定价：28.00元